일러스트
상대성 이론

한 권으로 이해하는
아인슈타인의 세계

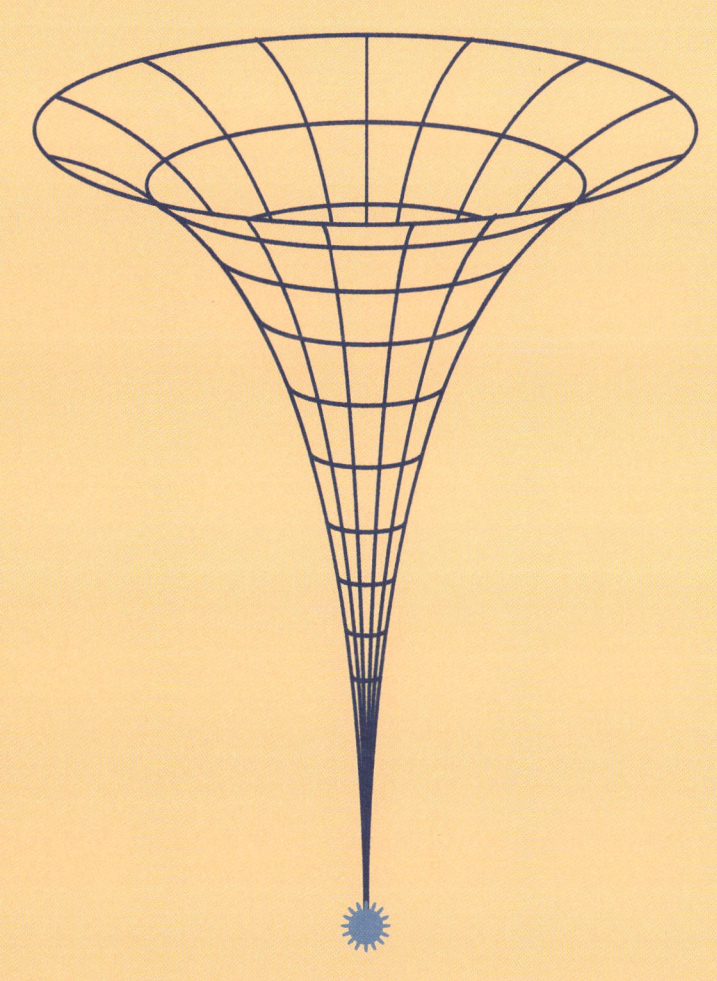

칼 윌킨슨 글
제임스 W. 루이스 그림
강성주 옮김

차례

04 - 알베르트 아인슈타인

05 - 중력

08 - 시간

10 - 공간

12 - 빛

14 - 상대성 이론

16 - 아인슈타인의 기적의 해: 1905년

18 - 네 편의 논문

22 - 특수 상대성 이론

26 - 시간 팽창 현상

28 - 쌍둥이 역설

30 - 길이 수축

32 - 4차원 우주

34 - $E=mc^2$

36 - 일반 상대성 이론

40 - 아인슈타인의 놀라운 발견

42 - 우주의 모습

44 - 검증과 증명

46 - 《상대성 이론》의 출판

48 - 유명인이 된 아인슈타인

50 - 노벨 물리학상을 받다

52 - 현대 문명에 기여한 아인슈타인의 발견

58 - 우리가 지금 알고 있는 것

60 - 아인슈타인의 상대성 이론, 그다음 단계는?

62 - 용어 설명

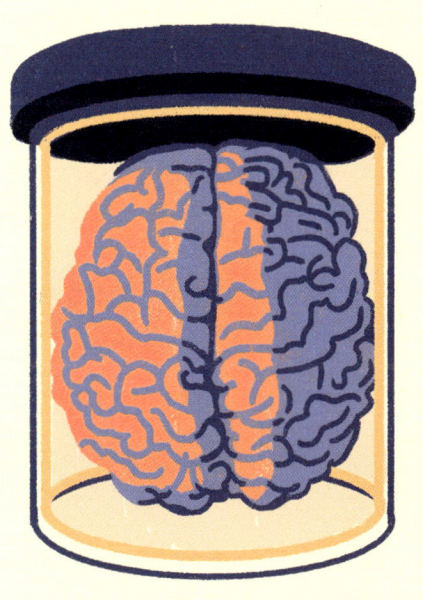

알베르트 아인슈타인

"모두가 나와 같은 삶을 살았다면, 소설이란 건 필요 없었을 거야."

아인슈타인이 상대성 이론을 발표하기 전인 22세 때 여동생 마야에게 보낸 편지의 한 구절이다.

알베르트 아인슈타인은 세상에 엄청난 변화를 가져왔다. 작은 원자부터 우주 먼 곳에서 오는 빛까지 아우르는 그의 생각은 과학에 혁명을 일으켰고, 인류가 우주를 바라보는 관점을 바꾸어 놓았다. 아인슈타인은 전 세계적으로 널리 알려진 거의 최초의 인물 중 하나가 되었다. 아인슈타인 덕분에 전 세계 사람들은 스스로를 돌아보고, 세상을 새로운 시각으로 바라볼 수 있게 되었다.

기적과도 같은 두 가지 선물

아인슈타인은 1879년 3월 14일 독일 남부 울름시에서 태어났다. 20세기 가장 유명한 인물 중 한 명이 되는 그의 여정은 어린 시절부터 시작되었다.

아인슈타인은 5세 무렵, 병상에 누워 있던 아버지에게서 나침반을 받았다. 아인슈타인은 어떤 방향으로 돌리든 나침반 바늘이 북쪽을 가리키는 것이 보이지 않는 힘 때문이라는 사실에 매료되었다.

12세 때는 기하학에 관한 책을 선물로 받았다. 기하학은 사물의 형태와 크기, 위치를 연구하는 학문이다. 아인슈타인은 그 책을 "작지만 값진 기하학 책"이라며 소중히 여겼다.

후에 아인슈타인은 이 나침반과 기하학 책을 "기적과도 같은 두 가지 선물"이라고 회상했다. 그는 이 선물들 덕분에 우주의 작동 원리를 이해할 수 있었고, 놀라운 이론을 만들 수 있었다.

아인슈타인은 모범생은 아니었다. 적어도 선생님들은 그렇게 생각했다. 아인슈타인은 수학을 매우 잘했고, 어려운 대수학 문제도 척척 풀었다. 초등학교 시절에는 반에서 일등을 하기도 했다. 하지만 반항적인 구석이 있어 선생님들은 그를 다루기 힘들어했다. 결국 아인슈타인은 16세에 학교를 그만두었다.

"권위 있다고 해서 무조건 믿으면 진실을 알 수 없게 된다." 1901년 아인슈타인이 친구에게 보낸 편지의 내용이다. 이런 마음가짐 때문에 아인슈타인은 선생님들의 사랑을 받지는 못했지만, 권위에 도전하고 과학과 우주에 대해 독창적으로 생각하고자 했기에 위대한 업적을 이룰 수 있었다.

사고 실험

아인슈타인은 어릴 적 말을 배우는 속도가 느렸다. 그는 훗날 자신이 더뎠기 때문에 세상을 남들과는 다른 관점에서 바라볼 수 있었고, 다른 사람들이 지나치고 마는 시간과 공간에 대해 자유롭게 상상할 수 있었다고 말했다.

아인슈타인은 독특하게도 언어가 아닌 이미지로 상상을 했다. 복잡한 아이디어를 먼저 시각적으로 그려 낸 다음, 그 이미지를 언어로 옮겼다.

1895년, 17세가 된 아인슈타인은 취리히 공과대학에 들어가기 위해 스위스 아라우의 학교에서 1년간 교육을 받았다. 이 학교는 학생들의 개성을 존중했고, 아인슈타인은 '사고 실험'을 활용하여 자신의 생각을 발전시키는 방법을 익혔다. 후에 그는 우주의 근본적인 질문에 대한 답을 탐구하는 데 이 방법론을 사용한다.

중력

아인슈타인이 살던 시기에는 중력에 대해 무엇을 알았을까?

우리는 어떻게 땅에 서 있을까? 이는 중력 덕분이다. 그런데 중력은 정확히 무엇일까? 많은 철학자와 과학자는 사물이 땅으로 떨어지는 이유와 우리가 땅에 서 있을 수 있는 원리를 오랜 동안 탐구했다. 고대 그리스 철학자 아리스토텔레스가 이 물음에 거의 최초로 답변을 내놓았다. 그는 지구가 우주의 중심이며, 우주의 모든 것이 흙, 물, 공기, 불의 네 가지 요소로 구성되어 있다고 믿었다. 가장 무거운 흙이 중심에 있고, 물, 공기, 불이 차례로 자리한다는 것이었다. 그리고 이 모든 것을 신비로운 다섯 번째 요소인 '에테르'가 둘러싸고 있다고 주장했다. 당시 이 가설은 매력적이었고, 많은 사람의 관심을 끌었다. 하지만 이후에 사실과 다르다고 밝혀졌다.

망치와 깃털

1592년, 갈릴레오 갈릴레이가 중력에 관해 중요한 사실을 발견한다. 갈릴레오가 피사의 사탑에서 무게가 다른 공을 떨어뜨려 실험했다는 이야기가 전해지는데, 이는 사실과 다르다. 실제로 갈릴레오는 무게가 다른 공들을 기울어진 면에 굴려서 속도를 측정했고, 모든 물체가 무게나 질량에 관계없이 중력으로 인해 같은 속도로 가속된다는 사실을 발견했다.

이는 무거운 망치와 가벼운 깃털을 같은 높이에서 동시에 떨어뜨리면, 두 물체가 동시에 땅에 떨어진다는 것을 의미한다!

하지만 실제로 이 실험을 해 보면, 깃털이 훨씬 늦게 땅에 닿는다. 갈릴레오도 알아차렸듯이, 공기 저항으로 인해 깃털의 속도가 느려지기 때문이다.

갈릴레오가 실험을 한 지 약 400년이 지난 1971년, 탐사선 아폴로 15호 우주인 데이비드 스콧이 달에서 이 실험을 해 보았다. 그는 망치와 매의 깃털을 같은 높이에서 떨어뜨렸다.

질량이 매우 다른 망치와 깃털은 동시에 달 표면에 도달했다.
달에는 대기가 없어 공기 저항이 일어나지 않기 때문이다.

뉴턴의 사과

아인슈타인이 상대성 이론을 세상에 선보이기 200년 전인 1687년, 영국 과학자 아이작 뉴턴이 인류 최고의 책 중 하나를 펴냈다. 《자연 철학의 수학적 원리》(일명 《프린키피아》)라는 제목으로, 우주의 작동 원리를 담은 책이었다. 뉴턴의 아이디어는 너무나 중요해서, 모든 물체의 운동을 설명하는 근본 원리인 '고전 역학'의 토대가 되었다.

뉴턴이 나무 아래에 앉아 우주의 신비를 생각하다가 떨어지는 사과를 보고 중력의 비밀을 깨쳤다는 이야기는 유명하다. 사과 하나가 머리로 떨어지자, 뉴턴은 스스로에게 질문을 던졌다. "왜 사과는 항상 직선으로, 땅을 향해 떨어지는 걸까?"

뉴턴은 이 질문의 답을 찾기 위해 탐구를 이어 갔고, 만유인력의 법칙을 발견했다. 만유인력의 법칙은 우주 안의 모든 물체가 서로를 어떻게 끌어당기는지를 설명하는 원리를 담고 있다.

뉴턴은 책에 이렇게 썼다. "행성이 자기 궤도를 따라 움직이는 데 필요한 힘은 행성이 공전하는 중심으로부터의 거리의 제곱에 반비례해야 한다. 이러한 원리에 따라, 달이 지구를 공전하는 궤도를 유지하는 데 필요한 힘과 지구의 중력을 비교해 보았다."

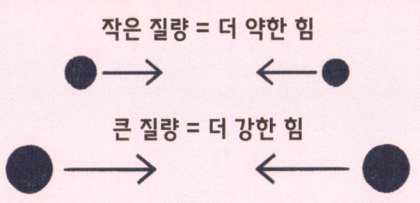

뉴턴은 질량을 가진 모든 물체가 서로에게 중력을 미친다는 사실을 발견했다. 두 물체의 질량이 클수록 그들 사이에 작용하는 중력도 강해진다. 반면, 두 물체 간의 거리가 멀어지면 중력은 약해진다.

만유인력의 법칙으로 천왕성의 궤도 운동을 분석하여 해왕성의 존재를 예측할 수 있었고, 실제로 해왕성을 발견했다. 그런데 한 가지 문제점이 있었다. 이 법칙으로는 수성의 독특한 궤도 운동을 설명할 수 없었다. 이 문제는 아인슈타인이 뉴턴의 이론을 발전시켜 상대성 이론을 세운 후에야 해결된다.

시간

아인슈타인이 살던 시기에는 시간에 대해 무엇을 알았을까?

"지금 몇 시예요?" 누군가 이렇게 물으면, 여러분은 대답하기 위해 시계를 볼 것이다.
하지만 그 시계는 여러분이 있는 곳의 시간을 가리킬 뿐이어서, 지구 반대편의 시간은 알 수가 없다.
그렇다면 정말로 지금은 몇 시일까? 이 질문이 담고 있는 의미는 무엇일까?

절대적인 시간

뉴턴은 《프린키피아》에 이렇게 썼다. "절대적이며 진실하고 수학적인 시간은 … 외부 세계와는 상관없이 일정하게 흘러간다."

뉴턴은 세 가지 운동 법칙(관성의 법칙, 가속도의 법칙, 작용-반작용의 법칙)을 밝힌 1687년에, 우주 어디서든 위치와 상관없이 멈추지 않고 늘 흐르는 우주 자체의 궁극적인 시간이 존재한다고 생각했다.

뉴턴의 말대로라면, 두 시계를 같은 시간으로 맞춘 뒤, 한 시계는 고정된 위치에 두고 다른 시계는 움직이는 물체에 부착하여 동일한 사건을 측정하더라도, 두 시계는 여전히 같은 시간을 가리키게 된다. 이는 시계의 운동 상태와 관계없이 시간이 절대적으로 흐른다는 뉴턴의 믿음을 반영한 사고 실험이다.

그러나 뉴턴은 우리가 실제로 경험하는 것은 "상대적이고 명백하면서 일반적인 시간"이라고 말했다.

뉴턴은 우리가 태양의 이동이나 시계의 째깍거림 같은 눈에 보이는 움직임을 통해 시간의 흐름을 느낀다고 여겼다. 하지만 그의 생각이 완전히 옳은 것은 아니었다.

시간이라는 개념과 정의

과거에는 '한 시간'이라는 단순한 개념조차 구체적으로 정의되지 않았다.

일출과 일몰 사이를 12시간으로 나누었는데, 여름에는 해가 길어 한 시간이 길었고, 겨울이면 해가 늦게 뜨고 일찍 지므로 한 시간이 여름에 비해 매우 짧았다.

18세기까지는 각 도시마다 그곳 해시계를 기준으로 시간을 정했다. 당연히 이웃 도시끼리도 시간이 달랐다. 도시를 오가는 사람들은 이동할 때마다 시곗바늘을 조정해야 했다.

점차 많은 사람이 여러 도시를 자주 오가게 되면서, 도시 간 시간을 같게 할 필요가 생겨났다.

표준시의 등장

1840년대 영국의 철도 회사가 표준시(당시에는 '철도 시각'이라고도 불렀다)를 도입했다. 여행자들이 여러 도시를 오가며 기차 도착 시간을 확인하기 위해 매번 시계를 조정하는 불편을 없애기 위해서였다.

다른 나라들도 이를 따르면서 세계 곳곳의 시간대를 표준화하는 작업이 이뤄졌다.

당시 아인슈타인은 베른의 특허청에서 일하고 있었는데, 그의 주요 업무 중 하나는 각 도시의 시계들을 표준시로 맞추는 발명품들의 특허 신청을 심사하는 것이었다.

이러한 경험을 통해 아인슈타인은 시간에 대해 새로운 관점을 갖게 되었고, '고전적 시간'을 '상대적 시간'으로 대체하게 되었다. 아인슈타인은 후에 "물리학을 믿는 우리 같은 사람들은 과거, 현재, 미래의 구분이 단지 지속적으로 흘러가는 환상에 불과하다는 것을 잘 알고 있다."라고 말했다.

> "물리학을 믿는 우리와 같은 사람들은 시간을 과거, 현재, 미래로 구분하는 것이 무의미함을 잘 알고 있다."

그렇다면 지금은 과연 몇 시일까?

공간

아인슈타인이 살던 시기에는 공간에 대해 무엇을 알았을까?

여러분은 지금 어디에 있는가? 주변에 있는 사물을 말하지 않고, 자신이 있는 곳을 설명해 보자.

과학자와 철학자는 수세기 동안 공간에 대해서도 깊이 고민했다. 아인슈타인이 상대성 이론을 연구할 당시에는 이미 '측량' 분야의 기하학 이론이 잘 세워져 있었다. 이는 지표면에 있는 사물의 크기와 위치 그리고 그 모든 것이 이루는 형태에 관한 것이었다.

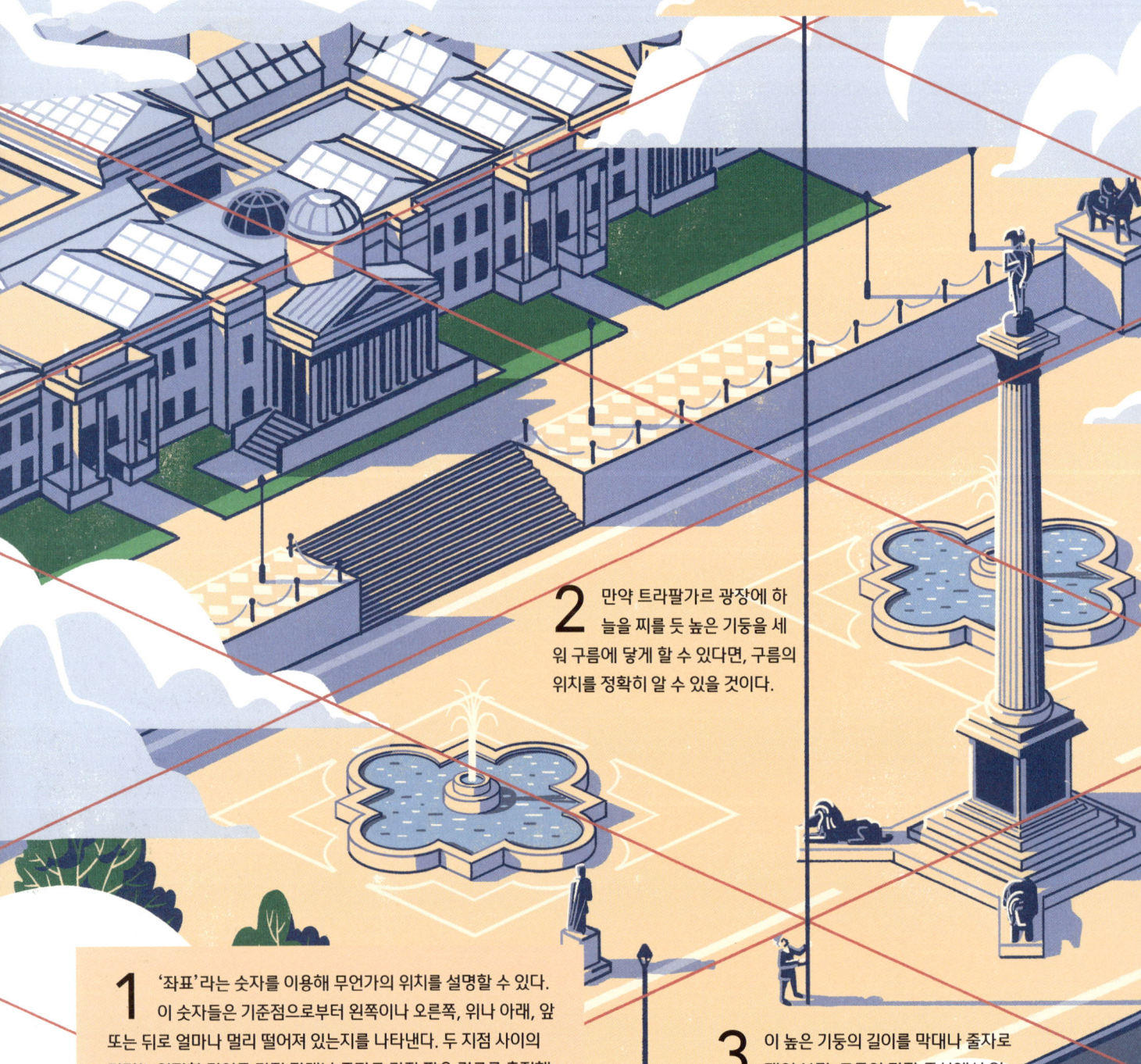

2 만약 트라팔가르 광장에 하늘을 찌를 듯 높은 기둥을 세워 구름에 닿게 할 수 있다면, 구름의 위치를 정확히 알 수 있을 것이다.

1 '좌표'라는 숫자를 이용해 무언가의 위치를 설명할 수 있다. 이 숫자들은 기준점으로부터 왼쪽이나 오른쪽, 위나 아래, 앞 또는 뒤로 얼마나 멀리 떨어져 있는지를 나타낸다. 두 지점 사이의 거리는 일정한 길이를 가진 막대나 줄자로 가장 짧은 경로를 측정해 계산한다. 아인슈타인은 공간을 구성하는 이러한 개념을 설명하기 위해 런던 트라팔가르 광장에 떠 있는 구름을 상상했다.

3 이 높은 기둥의 길이를 막대나 줄자로 재어 보면, 구름이 광장 중심에서 얼마나 높이 떠 있는지 알 수 있다.

> "인간은 우리가 '우주'라고 부르는 전체의 한 부분이자, 시간과 공간 속에 갇혀 있는 존재이다."
> —아인슈타인

절대 공간

아리스토텔레스가 절대 시간과 비슷한 절대 공간이라는 개념을 처음으로 말하긴 했지만, 이를 명확한 용어로 처음 정의한 사람은 뉴턴이다. 뉴턴은 《프린키피아》에서 "절대적이고 수학적으로 정확한 시간은 외부 세계와는 상관없이 일정하게 흘러간다."라고 말했다. 또한 "절대 공간은 외부의 어떤 요소와도 상관없이 그 본연의 성질에 따라 변함없고 고정된 상태를 유지한다."라고 말했다.

절대 공간에 대한 생각은 지구는 물론 우주를 일정하게 나누어, 같은 길이의 막대를 모든 방향으로 놓을 수 있다는 데서 출발했다. 이렇게 함으로써 우리는 모든 공간을 측정할 수 있으며, 우리의 행동이나 이동 속도와 상관없이 거리는 일정하게 유지된다고 여겼다.

이 생각은 합리적으로 보인다. 방 안에 의자 몇 개를 놓고 그 사이를 재면, 그 거리는 (의자를 움직이지 않는 한) 변하지 않는다. 하지만 시간이 한참 흐른 뒤, 아인슈타인은 이 생각이 잘못되었음을 증명해 보였다!

4 아인슈타인은 이런 좌표계를 사용하여 "공간에서 일어나는 사건을 묘사할 때는 그 사건이 기준으로 삼을 수 있는 고정된 대상이 존재해야 한다."라고 말했다.

5 이때 '고정된 대상'은 트라팔가르 광장 그 자체이다. 트라팔가르 광장이나 넬슨 기념탑, 광장의 사자상과 같이 고정된 지점이 없다면 구름이 어디에 있는지 설명할 수 없다.

빛

아인슈타인이 살던 시기에는 빛에 대해 무엇을 알았을까?

빛이란 무엇일까? 빛은 무엇으로 이루어져 있으며, 어떤 색깔을 띠고 있을까? 빛은 어떻게 태양으로부터 우주의 빈 공간을 가로질러 지구까지 도달할까? 수천 년 동안 과학자와 철학자는 이 질문들을 고민했다. 그리고 이 질문들은 아인슈타인이 상대성 이론을 세우는 토대가 되었다.

무지개 너머의 비밀

뉴턴은 빛에 관해 중요한 사실을 발견해 또다시 역사에 이름을 남겼다. 뉴턴은 우주의 운동 원리를 설명하는 세 가지 중요한 법칙을 만들었고, 1704년에《광학》이라는 책을 내어 빛에 관한 놀라운 발견을 세상에 알렸다.

특히 프리즘을 이용해 백색광을 여러 색으로 분리한 실험은 매우 중요했다.

첫 번째 프리즘

뉴턴은 색깔별로 나뉜 빛을 다른 프리즘에 통과시켜, 빛이 원래의 색상을 변함없이 유지하고 있음을 확인했다. 이는 프리즘이 백색광에 색을 부여하는 것이 아니라, 백색광 자체가 여러 색의 조합으로 이루어져 있다는 사실을 증명한 것이다. 이로 인해 아리스토텔레스 시대부터 전해진 믿음, 즉 빛은 순백색이고 주변 물체로 인해 색을 띠게 된다는 생각이 뒤집혔다.

빛의 파동

빛은 입자의 흐름일까, 진동하며 진행하는 파동일까? 이는 수세기 동안 과학계의 논쟁 거리였다. 뉴턴은 빛이 (당시에는 '작은 입자'라고 불린) 입자로 이루어졌다고 생각했고, 많은 사람이 이 견해를 받아들였다. 반면 빛이 파동의 형태로 공기 속을 진동하며 이동한다고 보는 과학자들도 있었다. 1801년 토마스 영은 빛의 입자설과 파동설 중 무엇이 맞는지 알아보기 위해 '이중 슬릿 실험'을 생각해 냈다.

영은 아주 작은 구멍에 빛을 비추어 빛줄기를 하나 만들었다. 이 빛줄기 앞에는 두 개의 슬릿(slit)이 있는 두꺼운 종이를 수직으로 세웠다. 만약 빛이 입자로 이루어졌다면 두 슬릿을 통과한 빛은 그 뒤에 있는 두꺼운 종이에 슬릿 모양대로 선명한 두 줄을 만들 테고, 빛이 파동이라면 서로 간섭을 일으켜 줄무늬 모양의 패턴을 만들 터였다.

실험 결과, 첫 번째 슬릿을 통과한 두 빛줄기는 두꺼운 종이에 줄무늬 패턴을 만들었다. 이 실험은 빛이 파동의 성질을 지니고 있음을 보여 주는 결정적인 증거가 되었다.

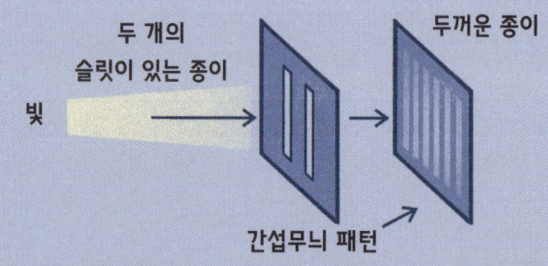

전기와 자기

19세기 마이클 패러데이는 전선 코일에 자석을 통과시키면 전기가 생긴다는 사실을 발견했다. 또 전기를 코일에 통과시키면 자기력이 생긴다는 것도 알아냈다. 이 발견으로 우리는 빛의 본질에 대해 더 깊이 이해할 수 있게 되었다. 이후 스코틀랜드의 물리학자 제임스 클러크 맥스웰이 패러데이의 자기장과 전기장에 대한 개념을 한층 더 발전시켰다.

맥스웰은 자기력, 전기 그리고 빛이 사실상 같은 현상의 다양한 형태라는 사실을 깨달았다.

맥스웰은 빛이 진동하는 파동의 형태로 이동하는 전자기 복사라고 생각했다. 이 생각은 정확했다! 가시광선은 매우 큰 진동수를 가진 전자기파라는 것이 밝혀졌다.

두 번째 프리즘

우주의 최대 속도 한계점

맥스웰이 발견한 중요한 사실 중 하나는 빛이 특정한 속도로 이동한다는 것이었다. 여러분이 얼마나 빠르게 또는 느리게 움직이든, 혹은 빛을 내는 무언가가 얼마나 빠르거나 느리게 이동하든 상관없이, 빛은 늘 같은 속도로 이동한다. '빛의 속도'로 말이다!

그렇다면 빛의 속도는 얼마일까? 여러분의 상상 그 이상이다! 빛은 진공 상태에서 초속 299,792km로 이동한다. 만약 여러분이 손전등을 지구 적도를 따라 비출 수 있다면, 그 빛은 단 1초 만에 지구를 7바퀴 반이나 돌 것이다!

상대성 이론

아인슈타인이 살던 시기에는 '상대성'이란 개념에 대해 무엇을 알았을까?

물리학에서 가장 중요하게 여겨지는 이론 중 하나가 바로 상대성 이론이다. 기본 개념은 꽤 단순하다. 우리가 멈춰 있든 움직이든, 물리 법칙은 변함없이 적용되어야 한다는 것이다.

상대성 원리가 처음으로 소개된 책은 1632년에 출간된 갈릴레오의 《두 가지 주요 세계관에 관한 대화》이다.

갈릴레오는 지구가 우주 중심에 고정되어 있는 것이 아니라, 태양 주위를 돌고 있다고 믿었다.

사람들은 지구가 움직이고 있다면 우리가 움직임을 느낄 수 있어야 한다고 주장했다. 갈릴레오는 이들의 주장을 반박할 수 있는 매우 영리한 사고 실험을 생각해 냈다.

갈릴레오는 "파리, 나비 그리고 작고 날아다니는 동물" 몇 마리를 배 객실 안에 두고, "물고기가 담긴 큰 어항과 물이 한 방울씩 떨어지는 병을 둔다."라고 책에 썼다. 날아다니는 동물은 자유롭게 날아다니고, 물고기는 유유히 헤엄치며, 물은 아래로 떨어지는 장면을 상상하면 된다.

이제 배가 일정한 속도로 항해를 시작한다. 하지만 객실 안에는 아무 변화가 없다. 여러분은 자신이 배와 함께 앞으로 나아가고 있다는 사실을 느끼지 못할 수 있다. 왜냐하면 객실 안의 모든 것이 여러분과 같은 속도로 움직이기 때문이다.

모든 것은 상대적이다

아인슈타인은 《상대성 이론》에서 기차 안을 걷는 사람에 대해 수수께끼 같은 질문을 던진다. 만약 기차가 일정한 속도 'v'로 움직이고, 한 사람이 기차 안에서 기차와 같은 방향으로 속도 'w'로 걸어간다면, 기차 밖에서 그 사람을 봤을 때 그는 얼마나 빠른 속도 'W'로 걸어가고 있을까?

아인슈타인은 이 질문의 답은 명백하다고 했다. 사람이 움직이는 기차 안에서 가만히 서 있다면, 그 사람은 기차가 움직인 거리만큼 이동하게 된다. 따라서 만약 기차 안에 있는 사람이 기차가 나아가는 방향으로 걸어간다면, 밖에서 봤을 때 이 사람의 속도는 기차의 속도와 그가 걸어가는 속도를 합친 것과 같다.

아인슈타인은 이를 수식으로 다음과 같이 썼다.

$$W = v + w$$

어렵다면, 갈릴레오의 배로 돌아가 보자. 배가 정박해 있을 때 파도가 시속 20km의 속도로 부딪혔다면, 배가 시속 40km로 파도를 향해 나아갈 때는, 파도가 시속 60km의 속도로 부딪히게 된다. 여기서 아인슈타인은 매우 궁금해졌다. 빛도 그럴까?

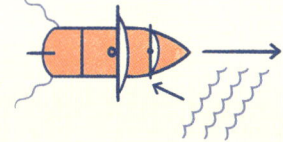

배는 시속 40km로 나아간다.

V = 20 + 40
따라서 V=60km/h이다.

파도는 시속 20km로 배를 향해 밀려온다.

여러분은 정말로 가만히 있나?

여러분이 손끝 하나 움직이지 않고 가만히 있다 하더라고, 여러분은 사실 엄청난 속도로 움직이고 있다! 지구는 시속 1,670km의 속도로 자전하고, 시속 10만 7,000km의 속도로 태양 주위를 돈다. 하지만 우리가 지구의 움직임을 확인하는 유일한 방법은 태양이 동쪽에서 떠서 서쪽으로 지는 모습을 보는 것뿐이다.

수천 년 동안 사람들은 지구가 가만히 있고 태양이 움직이는지, 아니면 태양이 가만히 있고 지구가 움직이는지 알 수 없었다. 지금은 당연히 지구가 태양 주위를 돌고 있다는 사실을 안다.

아인슈타인의 기적의 해: 1905년

"지식보다 더 중요한 것은 상상력이다. 지식에는 한계가 있지만, 상상력은 무한하기 때문이다." -아인슈타인

만약 여러분이 빛과 나란히 달릴 수 있다면, 어떠한 광경이 펼쳐질까?

1895년, 16세였던 아인슈타인은 이러한 상상의 나래를 펼쳤다. 당시 알려진 과학적 사고에 따르면, 아인슈타인은 멈춰 있는 듯한 빛의 광선, 즉 앞뒤로 진동하는 전자기장을 볼 수 있었다. 하지만 아인슈타인은 이러한 생각이 옳지 않다고 생각했다. 그래서 훗날 "이러한 모순적인 상황에 이미 특수 상대성 이론의 근본적인 요소가 있었다."라고 말한다.

아인슈타인은 이후 수십 년간 이 문제, 즉 우리가 빛과 같은 속도로 달릴 수 있다면 어떤 일이 일어날지 깊이 고민했다. 이 생각은 꾸준한 노력과 뛰어난 천재성 그리고 우연의 힘까지 더해져 발전되어 갔다.

그리고 마침내 1905년, '아인슈타인의 기적의 해'라 불리는 시기에, 아인슈타인은 과학계의 흐름을 바꿀 놀라운 사실들을 발견해 냈다. 아인슈타인이 어떻게 엄청난 성과를 거둘 수 있었을까? 여러 요인이 창의적이고 혁신적인 아이디어를 만들어 내는 데 큰 역할을 했다.

직장

아인슈타인은 천재적이었음에도 오랫동안 안정적인 일자리를 구하는 데 큰 어려움을 겪었다. 아인슈타인은 개인 과외 교사로 일하기도 했고, 고등학교 교사가 되기 위해 노력하기도 했다. 그러다 1902년 6월, 친구의 도움으로 스위스 베른에 있는 특허청에서 일하게 되었다.

특허청은 발명가들이 새로운 아이디어를 현실로 만들어 특허를 신청하면 그 내용을 심사하여, 다른 사람이 이를 마구 사용하는 것을 막는 역할을 한다. 아인슈타인이 베른의 특허청에서 일하던 당시, 많은 사람이 도시마다 다른 시간을 통일하는 방법에 대한 멋진 아이디어를 냈다. 시간에 대한 문제는 나중에 아인슈타인이 특수 상대성 이론을 세우는 데 중요한 역할을 한다.

자석과 모터의 세계

아인슈타인은 12세 때부터 엔지니어였던 삼촌 제이콥에게 대수학을 배웠고, 삼촌과 수학 퍼즐을 즐기기도 했다. 후에 아인슈타인은 삼촌의 회사에서 전기 발전기 속 움직이는 코일과 자석의 성능을 좋게 하는 데 힘을 보태기도 했는데, 이는 전자기학 이론을 실제로 적용해 보는 좋은 경험이었다.

자석이 코일 속을 움직이면 전류가 생성된다.

자석이 정지해 있는 전선 속에서 움직이든, 자석은 정지해 있고 전선이 움직이든, 발생하는 전류의 양은 같다.

그런데 당시 물리학자들은 이 두 가지 상황을 다르게 설명했다. 아인슈타인은 이를 이상하게 여겼다. 이러한 고민 또한 아인슈타인이 상대성 이론을 발견하는 밑거름이 되었다.

베른의 시계탑

아인슈타인이 일했던 특허청 근처 베른 중심부에는 '치트글로게'라는 유명한 시계탑이 있었다.

이 시계탑은 13세기 초에 중세 시대 돌로 만들어졌는데, 매 정시가 되면 종이 울리고 탑 안에 있는 기계 장치가 움직였다. 그리스 신화에 나오는 시간의 신을 상징하는 수염이 무성한 크로노스가 나타나 모래시계를 뒤집고, 그 위에서는 어릿광대가 뛰놀고 그 아래에서는 곰들이 춤추며 행진했다. 이 시계탑은 베른의 다른 시계들의 기준이 되었다.

1905년 5월의 어느 날, 아인슈타인은 시계탑의 종소리를 들었다.

아인슈타인은 문득 궁금해졌다. 자신이 빛의 속도로 시계탑에서 멀어진다면 어떤 일이 일어날까?

만약 아인슈타인이 빛의 속도로 움직인다면…

탑의 시계는 멈춰 있는 것처럼 보일 것이다.

아인슈타인이 빛의 속도로 움직인다면, 시계탑에서 반사된 빛은 아인슈타인을 따라잡지 못하게 되고, 아인슈타인은 시간이 흐르는 것을 확인할 수 없게 된다.

그러나 아인슈타인이 가지고 있는 시계는 평소처럼 움직인다.

네 편의 논문: 제1장

1905년, 아인슈타인은 자신의 발견을 담은 논문 네 편을 발표했다.

1905년 5월, 아인슈타인은 친구 콘라트 하비츠에게 편지를 보냈다. 아인슈타인은 자신의 글을 "별 의미 없는 잡담"이라고 겸손하게 표현하면서도, 놀라운 연구 결과를 상세히 적었다. 과학은 물론 세계의 흐름을 바꾼 이 네 편의 논문을 소개한다.

빛은 입자로 구성되어 있지만, 파동과 같은 성질을 가진다.

논문 1: 빛의 양자에 관하여, 1905년 3월 17일

"첫 번째 논문은 빛의 복사와 에너지의 특성을 다루는 획기적인 내용을 담고 있다."

첫 번째 논문에서 아인슈타인은 빛이 단순히 파동이 아니라 '양자'라고 이름 지은 작은 입자, 즉 에너지 덩어리의 흐름이라고 주장했다. 이후 이 '양자(quanta)'라 부른 빛의 입자는 '광자(photon)'라는 새로운 이름을 얻게 된다.

아인슈타인의 광자 발견은 과학계에 큰 영향을 끼쳤다. 뉴턴은 빛이 작은 입자로 이루어져 있다고 믿었지만, 이후에 빛이 파동의 특성을 가지면서 이동한다는 것이 밝혀졌다.

그런데 아인슈타인은 빛이 입자로 구성되어 있으면서도, 그 특성은 파동과 같다고 주장했다.

이 논문에서 밝힌 빛의 특성은 평생 동안 그를 괴롭혔다. 반세기 뒤에 아인슈타인은 친구 미셸 베소에게 이렇게 고백했다. "양자(광자)가 정확히 무엇인지 50년간 고민했지만, 답을 찾을 수 없었네."

논문 2: 분자의 크기에 대하여, 1905년 4월 30일

"원자의 실제 크기를 측정하는 것과 관련된 내용이다."

지금 우리는 모든 것이 작은 원자로 구성되어 있다는 사실을 잘 알고 있지만, 1905년에는 이를 잘 이해하지 못했다. 이러한 상황에서 아인슈타인은 원자와 분자의 실제 크기를 파악하는 새로운 방법을 발견했다.

이탈리아의 과학자 아보가드로는 이보다 100여 년 전에 모든 기체가 동일한 온도와 압력에서 일정한 부피(22.4리터)에 같은 수의 분자를 가진다는 것을 알아냈고, 이 양을 '몰(mole)'이라는 단위로 불렀다. 1몰 안에 존재하는 분자 개수를 '아보가드로수'라고 하는데, 그 수는 어마어마하다. 모래알로 아보가드로수를 표현하면, 사하라 사막 전체를 2미터의 깊이로 덮을 수 있을 정도다.

기존에는 아보가드로수를 이용해 원자와 분자를 측정했는데, 아인슈타인은 액체를 활용하여 이를 더 쉽게 측정하는 방법을 선보였다.

물에 설탕을 녹이면, 점성(끈적함)이 생긴다. 설탕을 더 많이 넣을수록 점성이 강해져 물체가 물속을 통과하는 속도가 느려지게 된다. 아인슈타인은 이 특성을 이용해 물속 설탕 분자의 크기와 개수를 측정할 수 있는 공식을 만들어 냈다. 이 공식은 시멘트를 섞거나, 에어로졸을 이용한 스프레이 제품을 만드는 등 다양한 분야에 활용될 수 있었다. 이 논문으로 아인슈타인은 박사 학위를 받았다. 드디어 '아인슈타인 박사'가 탄생한 것이다.

설탕이 녹으면 물이 끈적해진다.

네 편의 논문: 제2장

논문 3: 브라운 운동에 대하여, 1905년 5월 11일

"열운동으로 만들어지는 불규칙한 운동이 있음을 확인하였다."

세 번째 논문은 지난 80년간 과학계가 풀지 못한 수수께끼를 푸는 열쇠가 되었는데, 원자와 분자가 실제로 존재함을 증명한 것이었다.

액체에 있는 작은 입자를 현미경으로 관찰하면, 입자들이 불규칙하게 움직이는 것처럼 보인다. 이를 '브라운 운동'이라고 하는데, 1828년 로버트 브라운이 꽃가루 입자들이 물 위에서 춤추듯 움직이는 것을 처음 발견해 그의 이름을 붙였다. 그렇다면 이 입자들은 왜 움직이는 것일까? 물의 흐름이나 빛의 영향 때문일까? 그 당시에는 아무도 이유를 알지 못했다.

아인슈타인은 액체 속 입자들이 주변 물 분자들과 부딪쳐 움직이는 것이라고 생각했다.

물 분자는 꽃가루 입자보다 매우 작아서 물 분자 하나가 꽃가루 입자를 움직이게 할 수는 없지만, 물 분자 수천 개가 계속 밀어내고 충돌하면 꽃가루 입자를 움직일 수 있다.

아인슈타인은 이 모든 움직임을 하나하나 세는 대신, 입자의 크기와 액체의 온도에 따라 입자가 이동할 수 있는 거리를 예측하는 방법을 찾아냈고, 이렇게 입자들의 충돌을 분석하여 원자와 분자가 실제로 존재한다는 사실을 증명했다.

**논문 4: 움직이는 물체의 전기 역학에 대하여,
1905년 6월 30일**

*"시간과 공간에 대한 이론을 수정하여
움직이는 물체의 전기 역학을 다루었다."*

아인슈타인은 지난 몇 달간의 연구를 통해 놀라운 발견을 이루었는데, 가장 중요한 연구 결과는 마지막에 공개했다.

1905년, 아인슈타인은 큰 고민에 빠졌다. 빛이 항상 일정한 속도로 이동한다는 사실과, 상대성 원리에 따라 물체에는 물리 법칙이 늘 적용된다는 원칙이 서로 어긋나기 때문이었다. 아인슈타인은 이 문제를 해결하고자 노력했다.

아인슈타인은 뉴턴의 절대 공간과 시간에 대한 개념을 넘어서기 위해 단순한 사고 실험을 하나 만들었고, 이 사고 실험은 우리의 생각을 근본적으로 변화시켰다.

아인슈타인의 네 번째 논문은 훗날 '특수 상대성 이론'으로 널리 알려진다.

브라운 운동은 빠르게 움직이는 원자와 분자가 입자들과 충돌하여 생겨나는 불규칙한 운동이다.

특수 상대성 이론: 기초편 – 제1장

아인슈타인은 1905년에 우주를 이해하는 방식을 바꾸는 네 편의 논문을 발표한 뒤,
특수 상대성 이론의 아이디어를 넓혀 가기 시작했다. 시간과 공간에 대한
이 새로운 사고방식은 이제껏 우리가 진실이라고 믿었던 모든 것과 달랐다.

여러분이 기차역 플랫폼에 서 있는 기차에 앉아 있다고 상상해 보자. 옆 선로에 있는 기차가 움직이기 시작하거나 여러분이 탄 기차가 천천히 움직일 때, 여러분의 기차가 움직이는 건지 옆 기차가 움직이는 건지 판단하기 어려웠던 적이 있을 것이다.

어떤 기차가 실제로 움직이고 어떤 기차가 멈춰 있는지를 말하려면, 먼저 무엇에 대해 상대적으로 움직이고 있는지를 명확히 정의해야 한다.

역에 있는 두 기차는 기차역이나 서로에 대해 항상 상대적으로 움직이지는 않는다. 한 기차가 역을 떠날 때, 두 기차는 서로에 대해 상대적으로 움직이지만, 역을 기준으로 삼으면 한 기차만 상대적으로 움직이는 것이 된다.

상대성 원리는 두 기차와 기차역 모두에서 물리 법칙은 같다는 것을 의미한다. 그런데 빛에 대해 생각할 때는 문제가 생긴다.

1 아인슈타인은 기찻길을 따라 달리는 빛에 대해 생각했다. 빛은 빛의 속도 c, 즉 초속 29만 9,792km로 이동한다.

빛의 속도 c=299,792km/s

2 만약 기차가 빛과 같은 방향으로 속도 v, 즉 초속 9만 9,792km로 달린다면, 빛은 기차에 대해 얼마나 빠른 속도로 이동할까?

에테르는 존재할까?

빛이 항상 일정한 속도로 이동한다면, 그 속도는 어떤 기준에 대해 측정된 상대적인 속도일까?

어떤 사람들은 우주의 모든 틈을 채우는 '에테르'라는 것이 존재하는데, 이것이 빛을 먼 천체로부터 지구까지 전달한다고 믿었다. 공기가 소리 파동을 전달하듯이 말이다. 하지만 그 누구도 에테르를 관측하거나 측정하지 못했다.

"두 원칙이 서로 어긋난다면, 둘 중 하나, 즉 상대성 원리나 빛이 전달되는 단순한 법칙 중 하나를 포기할 수밖에 없다."

3 고전 물리학에 따르면 빛은 기차에 대해 299,792km/s - 99,792km/s인 초속 20만km의 속도로 움직여야 한다. 그렇다면 빛이 원래 속도인 초속 29만 9,792km보다 느리게 움직인다는 것을 의미하는데, 이는 불가능하다! 아인슈타인은 이 문제를 어떻게 해결했을까?

특수 상대성 이론 : 기초편 – 제2장

*"이 이론은 이후에 일반화시킨 이론과 구분하기 위해 '특수 상대성 이론'이라 부르겠다.
일반화된 이론에 대해서는 나중에 이야기하겠다."* -《상대성 이론》에서

**아인슈타인이 지적한 대로라면, 빛의 속도가 일정하지 않거나
상대성 원리 자체에 오류가 있다고 볼 수 있다.**

하지만 두 이론 모두 맞는 것처럼 보였기 때문에, 아인슈타인은 머릿속이 복잡했다. 해답을 찾지 못해 괴로워하던 아인슈타인은 이 사실을 친구 미셸 베소에게 털어놓았다. 그런데 다음날 불현듯 아이디어가 하나 떠올랐다. 아인슈타인은 두 이론을 놓고 고민하기보다는 또 다른 가능성을 제시했다. 하지만 이 생각은 더 이상하고 불가능해 보였다. 빛의 속도가 일정하고 상대성 원리도 맞는다면, 문제는 다름 아닌 우리 주변의 공간과 시간이라는 생각이었다.

번개 치는 순간

기찻길의 두 지점에 번개가 동시에 치는 상황을 떠올려 보자. 간단하다. 하지만 아인슈타인은 번개가 '동시에' 친다고 명확히 말할 수는 없다고 생각했다.

여러분이 두 번개 사이의 가운데에 서서 거울로 번개가 동시에 치는 걸 봤다면? 번개에서 나오는 빛은 같은 거리를 같은 속도로 이동하니, 두 번개가 동시에 쳤다고 말할 수 있을 것이다.

아인슈타인은 궁금했다. "움직이는 기차에서는 두 번개가 어떻게 보일까?"

만약 기차가 두 번개의 가운데 지점을 지날 때, 여러분이 창밖의 번개를 본다면, 두 번개가 동시에 치는 것으로 보일까? 아니다!

기차가 오른쪽으로 이동한다고 가정해 보자. 기차는 왼쪽에서 치는 번개에서는 점점 멀어지고 오른쪽에서 치는 번개 쪽으로 가까워지기 때문에, 여러분은 가까운 번개를 먼저 보고 멀어지는 번개는 나중에 보게 된다.

그래서 아인슈타인은《상대성 이론》에 이렇게 썼다. "어떤 사건은 기차 밖을 기준으로 했을 때 동시에 일어나지만, 기차 안을 기준으로 하면 그렇지 않다." 그리고 다음과 같은 말을 통해 이 생각이 얼마나 새롭고 놀라운 것인지 보여 주었다. "모든 기준점(또는 좌표계)은 그 기준점만의 특정 시간을 가진다. 따라서 우리가 시간을 말할 때, 기준점을 언급하지 않는 한 특정 사건이 벌어지는 시간에 대한 진술은 의미가 없다."

아인슈타인은 마침내 절대 시간이라는 것은 존재하지 않는다는 것을 증명하여 뉴턴이 틀렸음을 보여 줬다.

여러분이 번개 사이에 있고 한쪽 번개 방향으로 움직이고 있다면, 움직이는 방향에 있는 번개를 멀어지는 방향의 번개보다 아주 조금 더 먼저 보게 될 것이다.

이동 방향

로런츠 변환

만약 아인슈타인이 갈릴레오의 고전 역학 방정식을 이용해 문제를 해결하려 했다면, 빛의 속도가 변한다는 잘못된 결론에 이르렀을 것이다.

하지만 아인슈타인은 이런 전자기학과 고전 역학 이론에서 발생하는 모순을 해결하기 위해, 네덜란드의 과학자 헨드릭 로런츠의 이름을 딴 로런츠 변환을 사용하였다.

이 방정식은 로런츠가 전자기학 연구에 쓰려고 개발한 것이다. 아인슈타인은 이 방정식으로 한 기준점에서 발생한 사건의 위치나 시간을 다른 기준점에 대해 계산할 수 있다는 사실을 깨달았고, 놀라운 결과를 얻어냈다.

시간 팽창 현상

아인슈타인의 특수 상대성 이론은 우주를 바라보는 방식을 변화시켰다.

또한 아인슈타인은 우리가 정지해 있든, 빛과 같은 방향으로 움직이든 반대 방향으로 움직이든지 간에, 빛은 항상 일정한 속도인 초속 약 29만 9,792km로 이동한다는 사실을 통해 절대 시간이라는 개념은 존재하지 않는다는 것을 발견했다. 시간은 우리가 다른 무언가와 비교해 얼마나 빨리 움직이는지에 따라 달라진다.

아인슈타인은 사고 실험에서, 선로를 따라 달리는 기차에 여성이 타고 있다고 상상했다. 이때 바깥 선로 근처에 한 남자가 서 있다. 두 남녀는 같은 시간으로 맞춰진 시계를 들고 있다.

이들이 가지고 있는 시계는 모두 정상적으로 1초에 한 번씩 째깍거리며 규칙적으로 움직인다. 기차가 지나갈 때 남자는 여성이 들고 있는 시계를 보았다. 그런데 자신의 시계보다 느리게 가고 있는 것을 확인했다. 어떻게 된 일일까?

> 기차 밖에 있는 남성에게는 달리는 기차 안의 시계가 자신의 시계보다 느리게 움직이는 것처럼 보인다.

1. 시계 대신에 정확히 29만 9,792km 떨어진 두 거울 사이를 왔다 갔다 하는 빛을 생각해 보자. 빛은 1초에 29만 9,792km를 움직이므로, 한 거울에서 다른 거울까지 빛이 움직이는 시간은 정확히 1초이다.

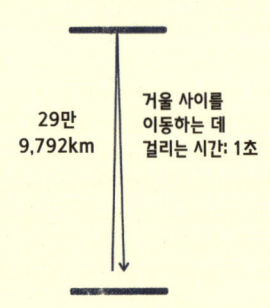

멈춰 있는 기차 안 위쪽에 있는 거울

29만 9,792km / 거울 사이를 이동하는 데 걸리는 시간: 1초

기차 안 아래쪽에 있는 거울

2. 이제 기차가 빛의 속도의 절반으로 움직인다고 상상해 보자. 기차 밖에 있는 사람에 대해 기차 안에 있는 빛은 위아래 직선이 아니라, 기차의 움직임을 따라 대각선 방향으로 이동하기 때문에, 기차 밖에 있는 사람에게는 두 거울 사이의 거리가 원래의 길이보다 더 길게 보인다.

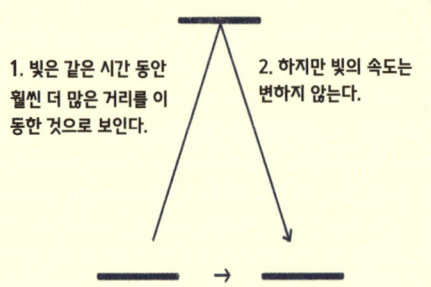

빛의 속도의 절반으로 움직이는 기차에 있는 거울

1. 빛은 같은 시간 동안 훨씬 더 많은 거리를 이동한 것으로 보인다.

2. 하지만 빛의 속도는 변하지 않는다.

기차 안 아래쪽에 있는 거울

3. 따라서 시간이 느려져야 한다.

기차의 이동

일상생활 속 시간 팽창 현상

아인슈타인의 발견은 일상생활에 깊은 영향을 주었다. GPS 위성을 이용하는 위성 항법 시스템과 여러 내비게이션 소프트웨어는 위치를 정확하게 파악하기 위해 시간 팽창 현상을 반드시 고려해야 한다. 지구를 도는 위성과 지상 사이에는 미묘하게 시간 차이가 나기 때문이다. 유럽 우주국은 국제 우주 정거장 내부에 원자시계 두 대를 설치하여 시간 지연 현상을 더 정밀하게 실험하고 있다.

3 빛이 아래쪽 거울에서 위쪽 거울로 이동하는 동안, 두 거울 모두 기차와 함께 움직이고 있다. 따라서 빛은 대각선 방향으로 이동해야 위쪽 거울에 닿는다. 기차에 대해 상대적으로 정지해 있는 사람, 즉 기차 밖에 있는 사람에게는 두 거울 사이의 거리가 더 길어진 것으로 보인다.

시간이 느려지는 현상의 증명

아인슈타인의 사고 실험에서 시간이 느려지는 것처럼 보이는 현상은 두 가지로 해석할 수 있다. 첫 번째는 불가능한 일이지만 빛이 빛의 속도보다 더 빠르게 움직인다는 것이다. 두 번째는 기차 밖에 있는 사람의 시간과 공간이 변한다는 것이다(이 해석이 더 이상하긴 하다).

이를 '시간 팽창' 현상이라고 부른다. 이동 속도가 빠를수록, 시간은 천천히 흐르게 된다는 것이다.

매우 정밀한 원자시계로 지상과 비행기에서 직접 시간을 비교하는 실험을 한 결과, 이 특이한 현상은 여러 차례 사실임이 밝혀졌다. 특히 2014년 독일에서 매우 빠르게 움직이는 입자를 이용해 시간을 측정했는데, 이 분야에서 가장 정확한 실험 중 하나로 인정받는다. 과학자들은 빛의 속도보다 세 배나 빠른 리튬 이온 시계를 만들었다. 그리고 이 실험을 통해, 빠르게 움직이는 입자들이 느린 입자보다 더 오랫동안 변화 없이 원래의 상태를 유지하는 것을 확인했다. 이는 움직이는 입자의 시간이 움직이지 않는 입자의 시간보다 더 느리다는 뜻이다.

쌍둥이 역설

아인슈타인은 시계와 막대를 이용하는 측정에 대해 깊이 고민했다.
이동 속도가 빠를수록 시간은 느려진다면, 빠른 속도로 우주여행을 할 때, 이상한 일이 생길 수도 있다.

쌍둥이 형제가 있다고 가정해 보자. 동생은 지구에 머물고, 형은 우주여행을 한 뒤에 지구로 돌아왔다. 이때 형제에게는 어떤 일이 벌어질까?

이는 '쌍둥이 역설'이라고 불리는 유명한 사고 실험이다. 아인슈타인이 처음 한 것으로 알려져 있지만, 1911년 4월 11일 폴 랑주뱅이 '시간과 공간의 진화'라는 강연에서 제안했다.

무슨 일이 일어났을까?

이동 속도가 빠를수록, 멈춰 있는 사람에 비해 시간은 느려진다(시간 팽창 현상). 만약 여러분이 매우 빠르게 이동한다면, 그렇지 않은 사람보다 나이를 더 적게 먹게 된다.

지구에서는 그 누구도 쌍둥이 형제처럼 나이 차이가 눈에 띄게 날 정도로 빠르게 움직일 수 없지만, 로런츠 변환식을 통해 이러한 현상이 어떻게 일어나는지 계산할 수는 있다. 빛의 속도에 가까울 정도로 빠르게 움직일수록 시간은 더욱 느려지게 된다.

1 아인슈타인은 쌍둥이 중 동생이 지구에 남고, 형이 빛의 속도로 먼 별까지 우주선을 타고 여행한다고 가정했다.

2 1달 후 가던 길을 되돌아 형이 우주여행을 마치고 지구로 온다. 형에게는 왕복 2달의 시간이 흘렀지만, 지구에서의 시간은 12년이 흘렀다.

3 그렇다면 어떤 일이 벌어졌을까? 우주 여행을 마친 형은 동생보다 실제로 더 젊어지게 된다!

시간 여행은 가능하다!

이 말은 시간 여행이 가능하다는 뜻일까?

그렇다! 아인슈타인의 상대성 이론에 따르면, 시간 여행은 가능하다! 하지만 여러분이 흔히 생각하는 시간 여행과는 조금 다르다. 고대 이집트 사람들을 만나거나 고대 로마를 여행하거나 공룡을 볼 수 있는 과거로 갈 수는 없다. 하지만 여러분이 정말 빠르게 이동할 수만 있다면, 시간을 미래로 이동시키는 것은 가능하다.

지금까지 인류는 이러한 시간 여행을 극히 짧은 순간만 경험할 수 있었다. 국제 우주 정거장에 있는 우주인들은 지구에 있는 사람보다 천천히 늙어 간다. 다시 말해, 국제 우주 정거장에서 가장 오래 머무르며 지구 궤도를 비행한 우주인은, 국제 우주 정거장에 머무는 동안은 같은 시간 지구에 있는 사람들보다 나이를 덜 먹게 된다.

지금까지 우주에서 가장 오래 머문 사람은 러시아 우주 비행사인 올레그 코노넨코이다. 그는 여섯 차례 임무를 하면서 총 948일을 우주에서 보냈다. 2년 반 넘게 지구 궤도를 시속 2만 8,000km로 돌면서 우주에서 보낸 셈이다. 그는 이렇게 빠른 속도로 움직이면서 우주에서 거의 2년 반 넘게 있었지만, 지구에 있는 사람보다 고작 0.02초밖에 노화를 늦추지 못했다.

길이 수축

아인슈타인은 특수 상대성 이론을 통해 절대 시간은 존재하지 않음을 밝혀냈다.

또한 공간의 각 지점이 각각 고유한 시간을 갖는다면, 절대 공간 또한 존재할 수 없다고 생각했다. 아인슈타인은 로런츠 변환 공식을 이용해, 물체가 빠른 속도로 움직일 때 그 물체와 같이 움직이지 않는 사람에게는 물체가 더 짧게 보인다는 사실도 발견했다. 이를 로런츠-피츠제럴드 수축이라고 한다.

거리의 상대성

아인슈타인이 사고 실험을 했던 기차로 돌아가 보자. 기차의 첫 번째 객실 정중앙 지점(A)에서 마지막 객실의 정중앙 지점(B)까지의 거리를 알고 싶다면, 기차 안에서 줄자(또는 막대)를 갖고 객실을 이동하며 재어 보면 된다.

그런데 기차가 지나갈 때 기차 밖에 서서 이를 관찰한다면 어떨까?

'A'에서 'B'까지의 거리가 기차 안에서 잴 때와 같을까?

아인슈타인은 '같지 않다'고 생각했다.

동시에 친 번개를 기억하는가? 기차 밖에 있는 사람에게는 A와 B가 상대적으로 움직이는 것처럼 보인다.

따라서 기차 밖에 있는 사람이 두 지점을 정확히 표시해 거리를 측정한다면, 기차 안에서 측정한 것보다 더 짧다고 확인하게 될 것이다. 그리고 기차가 더 빠르게 움직일수록 그 거리는 더욱 짧아지게 된다. 예를 들어, 빛의 속도의 99%로 움직이는 200미터 길이의 기차는 기차 밖에 있는 사람에게는 고작 28미터로 보일 것이다.

이렇게 뉴턴의 이론은 다시금 반박되었다.
절대 공간이란 존재하지 않는다.

물체가 빠르게 움직일수록, 물체의 길이는 더 짧아져 보인다.

열차 역설

이미 모든 게 충분히 이상하지만, 길이 수축은 더 이상하고 놀라운 현상도 보여 준다.

하나의 예가 바로 '사다리 역설'이라고 불리는 상황이다. 이는 헛간 안에 매우 빠른 속도로 움직이는 사다리를 집어넣는 방법을 찾는 상황이다. 사실 이러한 상황은 잘 와닿지 않으니 이보다는 아인슈타인의 사고 실험처럼 200미터 길이의 기차가 50미터 길이의 터널 안에 들어가는 상황이 좀 더 현실적이고 재미있을 것 같다.

어떻게 기차보다 짧은 터널에 기차 전체가 들어갈 수 있을까? 사실 일상생활에서는 길이 수축이 눈에 띄게 일어날 만큼 빠르게 움직이는 물체는 없다.

심지어 야구공도 원래 길이보다 짧아질 만큼 매우 빠르게 움직일 수 없다. 그러나 움직이는 속도가 빛의 속도에 가까워지면 길이 수축은 두드러지게 나타난다.

길이 수축 현상은 물체가 움직일 때, 움직이는 방향으로만 생겨난다. 따라서 기차의 바깥에 있는 사람에게는 기차의 높이와 넓이는 그대로이지만, 기차가 움직이는 방향으로의 길이는 짧아져 보인다.

만약 아인슈타인의 상상 속 기차가 빛의 속도에 가깝게 움직인다면, 길이 수축 현상이 일어날 것이고, 기차보다 짧은 터널 안에 기차 전체가 딱 맞게 들어가는 것이 가능할 수 있다.

더욱 이상한 것은 만약 여러분이 기차에 있다면, 여전히 기차가 터널보다 더 길게 보일 것이라는 점이다. 그럼에도 터널 양쪽에 문이 있다면, 기차가 터널 안에 있을 때 문을 닫을 수도 있을 것이다.

기차가 멈춰 있을 때, 기차의 길이는 200미터이다.

기차가 빛의 속도의 99%로 움직인다면, 그 길이는 28미터로 보인다.

4차원 우주

"수학에 익숙하지 않은 사람은 '4차원'이라는 말을 들으면, 초자연적인 무언가에 사로잡힌 느낌을 받는다. 하지만 우리가 살고 있는 이 세계가 시간과 공간이 결합된 4차원의 세계라는 것이야말로 모두가 평범하게 받아들여야 하는 사실이다." -《상대성 이론》에서

아인슈타인이 등장하기 전, 모두 우주는 3차원으로 이루어져 있다고 생각했다. 다시 말해 공간에서 특정 지점을 찾기 위해서는, 그 지점이 기준점으로부터 얼마나 앞뒤, 위아래, 좌우로 떨어져 있는지를 나타내는 세 개의 위치 정보가 필요했다. 시간은 공간의 차원과는 별개로 공간의 특정 지점을 찾아가는 동안에 그냥 자연스럽게 꾸준히 흘러가는, 다른 차원의 무언가로 여겨졌다. 그러나 아인슈타인의 특수 상대성 이론은 이러한 생각을 바꿔 놓았다.

시공간

1908년 수학자 헤르만 민코프스키는 아인슈타인의 상대성 이론을 바탕으로 현실 세계는 공간과 시간이 실제로는 연결되어 있는, 일명 '시공간'으로 구성되어 있다고 생각했다.

민코프스키는 기하학적인 관점에서 상대성 이론을 해석할 수 있다는 것을 깨달았다. 다시 말해, 시간과 공간을 서로 다른 관점에서 상대적으로 측정할 수 있다는 것이다. "공간과 시간은 각각 따로 존재할 수 없다. 둘이 결합된 세계만이 현실 세계를 나타낸다."

고전 역학에서는 어떤 사건이 일어나면, 사건이 일어난 장소를 나타내는 세 개의 좌표, 즉 공간을 나타내는 3차원 정보와 함께, 사건이 발생한 시점을 알려 주는 시간이라는 정보를 따로 알아야 했다. 앞서 다루었던 선로에 두 번개가 친 사건을 예로 들자면, 번개가 떨어진 위치와 그 시간을 알아야 했다.

그러나 아인슈타인 덕분에 이제는 우리가 멈춰 있는지 아니면 움직이는지에 따라 두 번개가 친 시간이 다를 수 있음을 이해하게 되었다.

민코프스키는 시간이라는 차원이 공간의 차원과 별도로 존재하는 것이 아니라, 실제로는 공간만큼 중요하며, 우주는 사실상 4차원으로 이루어져 있다는 사실을 깨달았다.

민코프스키의 연구는 나중에 아인슈타인이 특수 상대성 이론을 더욱 발전시켜 일반 상대성 이론을 세우는 데 큰 도움이 된다.

세계선

공간과 시간이 결합된 '시공간'의 개념에서는 모든 것이 시공간 안에서 특정 경로나 궤적을 따라 이동하며, 이동 궤적은 수학적으로 계산할 수 있다.

이런 시공간 속 궤적을 '세계선'이라고 한다.

공간상에 아무런 움직임이 없다 하더라도, 실제로는 시간을 따라 모든 게 움직이고 있다. 예를 들어 두 입자가 충돌하는 순간은 두 입자의 세계선이 교차하는 지점에 해당한다. 우리 각자에게도 개별적인 세계선이 있다. 이는 시공간에서의 개별적인 여정을 나타내는 지도와 같다.

좋지 않았던 평가

1908년에 민코프스키가 시공간에 대한 아이디어를 내놓았지만, 아인슈타인은 상대성 이론을 이용해 중력 이론을 연구하던 1912년까지 이 이론의 가치를 깨닫지 못했다. 아인슈타인은 1916년에 낸《상대성 이론》에서 민코프스키의 발견을 다룬다.

사실 민코프스키는 스위스 취리히 연방 공과 대학교에서 아인슈타인에게 수학을 가르쳤는데, 그 당시 민코프스키는 아인슈타인을 좋게 여기지 않았다. 훗날 민코프스키는 아인슈타인의 업적에 놀라워하며 이렇게 말했다. "아인슈타인은 정말 게으른 학생이었다. 수학에 전혀 관심이 없었다. 그랬던 그가 이런 업적을 세웠다는 게 몹시 놀랍다."

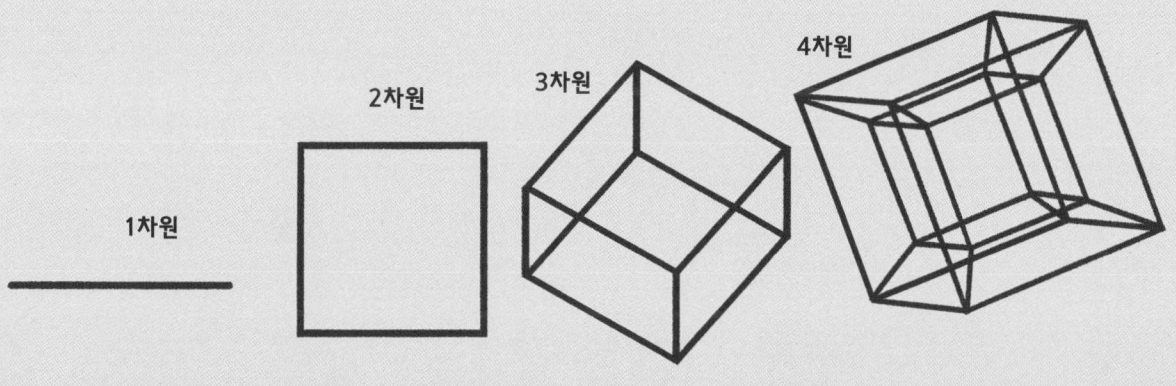

E=mc² : 세상에서 가장 유명한 공식

"물체의 질량은 그 물체의 에너지 양을 나타내는 척도이다." – 아인슈타인

공식이라는 것은 원래 복잡해 보이는 여러 문자와 기호가 포함되기 마련이다. 그렇다면 아인슈타인은 어떻게 E=mc²라는, 세상에서 가장 유명한 공식을 만들어 낼 수 있었을까? 오늘날 이 공식은 포스터나 티셔츠, 우표, 머그컵 등 정말 다양한 곳에서 볼 수 있다. 그렇다면 이 공식은 실제로 어떤 의미를 담고 있을까?

논문 5: 물체의 관성

1905년 9월 27일

1905년 9월, 아인슈타인은 친구 콘라트 하비츠에게 다시 편지를 썼다. 지난 5월, 하비츠에게 네 편의 획기적인 아이디어를 담은 논문에 대해 썼듯이, 이번에도 다섯 번째 놀라운 발견에 대해 썼다.

"전기 역학을 연구하다가 한 가지 결론에 이르렀네! 상대성 원리와 맥스웰의 방정식을 함께 고려하면, 물체의 질량에 에너지가 내포되어 있다는 것일세. 다시 말해 빛 에너지는 그 자체로 질량으로 전환될 수 있다는 것이지."

이는 꽤 훌륭한 발상이었다. 아인슈타인이 1905년 9월 27일에 완성한 논문은 세 쪽짜리로 매우 짧고 간결했지만, 세상을 변화시킬 잠재력을 지니고 있었다.

아인슈타인의 공식

아인슈타인은 1905년의 논문에서는 E=mc²라는 유명한 공식을 사용하지 않았다. 여러 과학자들과 함께 연구한 끝에, 너무나 우아한 나머지 이제는 모든 사람이 알고 있는 E=mc²라는 공식이 탄생했다. 이 방정식의 각 변수와 기호는 다음과 같은 의미를 지닌다.

$$E \;\; =$$

에너지를 나타낸다. 일반적으로 '줄(J)'이라는 단위를 쓴다.

에너지와 질량

아인슈타인의 상대성 이론이 나오기 전까지, 물리학에는 두 가지 중요한 법칙이 있었다.

1. 에너지 보존의 법칙: 이 법칙에 따르면, 에너지는 생성되거나 소멸되지 않는다. 에너지의 총량은 보존되지만, 그 형태는 다양하게 변환될 수 있다.

2. 질량 보존의 법칙: 물체의 총 물질의 양인 질량은 생성되거나 소멸되지 않고, 단지 다른 형태로 변환된다.

이 두 법칙은 서로 연관이 없는 것처럼 보였지만, 아인슈타인은 물체의 질량이 실제로는 에너지의 총량을 나타내는 잣대임을 깨달았다.

따라서 에너지 보존의 법칙과 질량 보존의 법칙은 하나의 법칙, 즉 '질량 에너지 보존의 법칙'으로 통합될 수 있다.

입자의 질량에 빛의 속도를 두 번 곱하면, 즉 어마어마하게 큰 수인 빛의 속도의 제곱을 곱하면 그 입자가 가지고 있는 에너지의 양을 알 수 있다.

계산해 보면, 아주 작은 물체도 엄청난 양의 에너지를 지녔다. 예를 들어, 건포도 한 알의 질량을 완전히 에너지로 전환할 수 있다면, 미국 뉴욕시 전체에 하루 동안 전기를 공급할 수 있다!

c^2은 물리학에서는 변환 계수라고 불린다. 쉽게 말하면, 질량을 에너지의 값으로 변환해 주는 숫자이다.

아인슈타인의 에너지-질량 공식에서 이 변환 계수는 빛의 속도인 초속 299,792,458m를 제곱해서 나온 값으로, 89,875,517,873,681,764 m^2/s^2이라는 엄청나게 큰 수다.

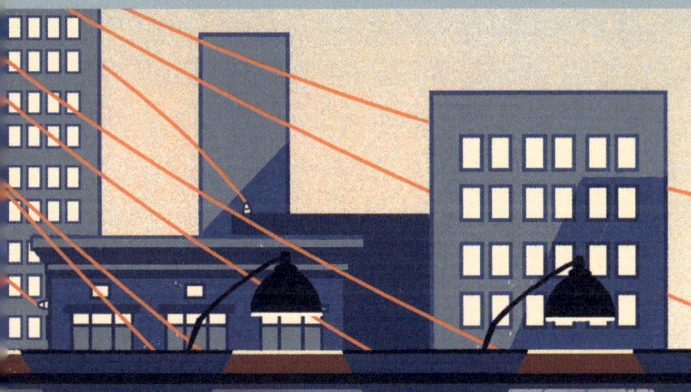

m : 질량을 뜻한다. 대개 'kg'이라는 단위로 측정한다.

c^2 : 진공 상태에서 일정한 속도를 갖는 빛의 속도에 그 빛의 속도를 곱한 값이다.

이 두 값은 서로 곱하여 계산한다.

질량 에너지 보존의 법칙 작동 원리

$E=mc^2$의 공식이 실제로 맞다는 사실이 밝혀진 건 1932년이다. 물리학자 존 콕크로프트와 어니스트 월턴은 영국의 캐번디시 연구소에서 세계 최초로 핵반응을 일으키는 데 성공했다.

콕크로프트와 월턴은 리튬 핵에 양성자를 매우 빠르게 충돌시켜 두 개의 헬륨 핵(알파 입자라고도 부름)을 만들어 냈는데, 이 과정에서 엄청난 양의 에너지가 나왔다.

이 실험을 한 지 6년이 지난 뒤, 원자의 핵을 분열시키는 핵분열 반응이 가능하다는 사실이 밝혀졌다. 이 발견으로 훗날 제2차 세계 대전 때 원자 폭탄이 개발됐다. 1945년 8월, 미국이 일본 히로시마와 나가사키에 원자 폭탄을 떨어뜨려 이곳을 파괴했다. 이 원자 폭탄들은 아인슈타인의 질량 에너지 보존의 법칙이 가진 엄청난 파괴력을 보여 주었다.

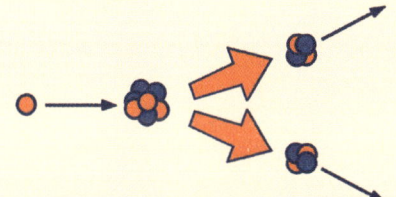

일반 상대성 이론: 첫 번째 이야기

특수 상대성 이론이 고전 물리학의 틀을 흔들어 놓기는 했지만, 이 이론으로는 두 가지 중요한 질문에 여전히 답할 수 없었다. 첫째, 아인슈타인의 모든 사고 실험은 일정한 속도로 이동하는 물체를 대상으로 했는데, 물체가 가속한다면 어떻게 될지 알 수 없었다. 또한 그 어느 것도 빛보다 빨리 움직일 수 없는데, 어떻게 뉴턴의 주장대로 아무리 멀리 떨어진 거리에서도 즉각적으로 중력이 작용할 수 있는지도 의문이었다.

행복한 깨달음

1905년 이후, 아인슈타인은 10년 동안 이 문제를 고민했다. 그리고 베른의 특허청에서 일하던 어느 날 갑자기 해답을 떠올렸다. 1922년에 아인슈타인은 당시의 상황을 이렇게 회상했다. "사무실 의자에 앉아 있는데, 문득 이런 생각이 스쳤다. '어떤 사람이 자유 낙하를 한다면, 그는 자신의 무게를 느끼지 못할 것이다.'"

아인슈타인은 이때가 "인생에서 가장 행복한 순간"이었다고 말했다. 이 깨달음은 여러 과정을 거쳐 일반 상대성 이론으로 발전한다.

상자 속 사람

아인슈타인은 깊은 우주나 중력이 있는 물체로부터 멀리 떨어진 공간에 큰 상자가 있고, 그 속에 사람이 있다고 상상해 보았다. 사람은 상자 안에 떠 있게 될 것이다. 그러다 상자에 연결된 밧줄이 당겨져 더 깊은 우주로 점점 매우 빠르게 끌려간다면 어떻게 될까?

상자 속에 있는 사람은 무중력이 아닌 무게를 느끼게 되고 상자 속에 있는 모든 물체, 예를 들어 천장에 매달린 전구와 같은 물체는 전부 아래로 향하게 된다. 만약 동전을 떨어뜨린다면, 동전은 발아래로 떨어질 것이다. 자, 상자 속에 있는 사람은 무슨 일이 일어나고 있다고 생각할까?

상자 속에 있는 사람이 상자가 우주 공간을 가로지르고 있다는 것을 모른다고 가정해 보자. 그 사람은 자신이 지구에 있는 매우 큰 상자 안에서 땅을 딛고 서 있으며, 전구는 당연히 매달려 있고, 동전은 중력 때문에 아래로 떨어진다고 생각할 것이다.

상자 속에 있는 사람이 밖의 상황을 모른다면, 중력과 관성력(어떤 것이 가속될 때 느껴지는 저항력)을 구별할 수 없다. 중력 때문에 발생하는 모든 물리 법칙은 가속에 의해 생기는 힘, 즉 관성력 때문에 발생하는 모든 물리 법칙과 같아야 한다. 따라서 상대성 원리에 따르면 중력과 관성력은 구별할 수 없다.

아인슈타인은 "물체의 중력 질량은 그 물체의 관성 질량과 같다."라는 사실을 깨달았다.

아인슈타인은 중력과 관성력이 같다는 이 아이디어를 '등가 원리'라고 불렀다. 아인슈타인은 이를 통해 중력의 본성에 대한 여러 사실을 발견할 수 있었다.

중력장

아인슈타인은 《상대성 이론》에 "돌을 공중에서 놓으면 땅으로 떨어지는 이유에 대한 일반적인 대답은 '지구가 끌어당겨서'이다."라고 썼다.

뉴턴은 중력에 대해 고민할 때, 지구와 돌(또는 사과)이 즉시 서로 끌어당기고, 끌어당기는 힘의 세기는 두 물체의 질량과 거리에 달려 있다고 생각했다. 그런데 끌어당기는 힘은 어떻게 순간적으로 생길 수 있을까?

아인슈타인은 특수 상대성 이론을 통해 그 어떤 것도 빛보다 빠를 수 없음을 알게 되었다. 따라서 태양과 지구와 같은 두 물체 사이의 중력은 시간 지연(이 경우에는 8.3분)이 생긴다. 뉴턴의 이론은 뭔가 맞지 않았다. 이후 제임스 맥스웰과 마이클 패러데이가 전자기학을 연구해 새로운 해석을 가능하게 했다.

전하는 주변에 서로 다른 전하를 끌어당기는 전기장을 만든다. 전기장의 끌어당기는 힘(인력)은 빛의 속도로 우주 공간을 이동한다. 따라서 우리가 태양 중심에 더 많은 전하를 더할 수 있다면, 8.3분 후에 지구에서 이 영향을 느낄 수 있을 것이다.

이처럼 전자기력과 중력 사이에는 비슷한 점이 있다. 그러나 중력장은 물체의 질량에 의해 그 특성이 결정되는 반면, 전자기장은 전하에 의해 그 특성이 결정된다.

일반 상대성 이론: 두 번째 이야기

아인슈타인은 특수 상대성 이론을 중력장에 적용하는 데 성공했다. 하지만 이보다 더 복잡한 형태의 중력에 대해서도 생각해야만 했다. 아인슈타인의 또 다른 사고 실험을 살펴보자.

우주에서 회전하고 있는 프리스비 원반 모양의 물체 가장자리에 한 사람이 앉아 있다고 상상해 보자. 우리가 회전하지 않는 다른 원반에서 이를 본다면, 그 사람이 회전목마를 탄 듯 빙빙 도는 것을 볼 수 있으며, 그가 바깥쪽으로 당겨진다고 느끼는 힘은 관성이라고 생각할 것이다.

반면 도는 원반에 앉아 있는 사람은 자신이 회전하는 게 아니라, 모든 것이 자기 주위를 돌고 있다고 말할 것이다. 그렇다면 그 사람이 느끼는 힘은 무엇일까? 아마도 그 사람은 원반의 중심으로 갈수록 약해지고 가장자리로 갈수록 강해지는 중력장의 일종을 느끼고 있다고 대답할 것이다.

측정

도는 원반에 있는 사람은 1m 길이의 자를 이용해 원반 지름이 10m인 것을 알아냈다. 원지름을 알면, 원의 둘레는 파이(π)라는 특별한 상수를 곱해 구할 수 있다. 파이(π)는 무한히 긴 숫자이지만, 일반적으로 3.14로 본다. 이 원반의 둘레는 약 31m이다. 이 사람은 1m짜리 자 31개로 원반 주위를 감쌀 수 있다.

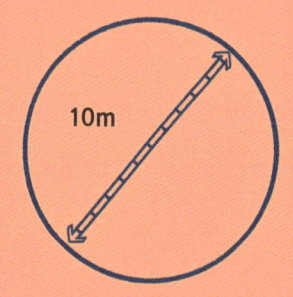
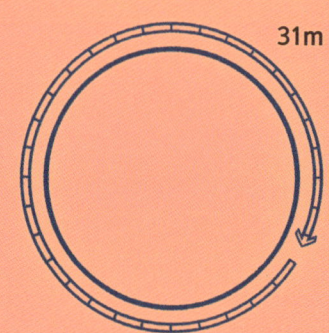

시간 측정

이 사람은 몇 가지 실험을 하기로 한다. 먼저 같은 시계를 자신이 앉아 있는 원반의 중앙과 가장자리에 각각 하나씩 놓는다.

움직이지 않는 원반에 있는 우리가 보았을 때, 움직이는 원반 중앙에 있는 시계는 정지해 있지만, 가장자리에 있는 시계는 빠르게 돌고 있다.

특수 상대성 이론에서 일어나는 시간 팽창 현상에 따르면, 물체의 상태, 즉 물체가 움직이느냐 정지해 있느냐에 따라 시간은 다르게 흐른다. 따라서 우리는 회전하고 있는 원반 가장자리에 있는 시계가 중앙에 있는 시계보다 느리게 흘러갔음을 볼 수 있다.

반면 도는 원반에 있는 사람은 원반을 중심으로 세상이 돌고 있기 때문에, 두 시계 모두 움직이지 않는다고 생각한다. 하지만 나중에 원반 가장자리에 있는 시계가 중앙에 있는 시계보다 느리게 흘러갔음을 확인하게 된다. 이게 어떻게 된 일일까?

앞에서 이야기한 상자 속 사람을 통해 우리는 중력과 관성력이 같다는 것을 알고 있다. 따라서 우리는 시간 차이는 가속도 때문이라고 생각할 것이다. 하지만 아인슈타인은 "모든 중력장에서, 시계는 위치에 따라 (정지 상태에 있는) 시계보다 더 빠르거나 느리게 움직인다."라는 사실을 깨달았다.

그런데 다른 쪽 원반에서 관찰하고 있는 우리에게 이상한 일이 벌어진다. 돌고 있는 원반 바깥쪽에 있는 1m짜리 자가 1m보다 짧아 보인다! 무슨 일이 벌어진 걸까? 특수 상대성 이론에서 설명하는 길이 수축 현상이 나타난 것이다. (빛의 속도에 가까울 정도로) 매우 빨리 달리는 기차가 움직이지 않는 사람에게 더 짧게 보이는 그 현상 말이다.

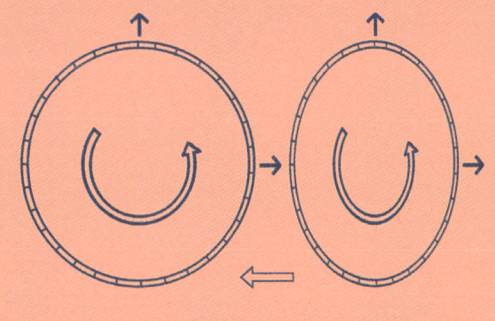

'회전'은 사실상 원의 모양을 따라 가속되는 것과 같은 현상으로, 우주 속 커다란 상자 안에서 관찰된 것처럼 중력장에 영향을 미친다. 아인슈타인은 특수 상대성 이론을 직선 가속 운동뿐만 아니라 회전하는 물체에도 적용할 수 있다는 것을 깨닫고, 기하학에서 적용 가능한 일반적인 규칙들이 중력에는 적용될 수 없다는 것을 알아차렸다!

아인슈타인의 놀라운 발견들

아인슈타인은 일반 상대성 이론을 통해 특수 상대성 이론의 범위를 확장시켰다. 이로써 상대성 이론은 단순히 일정한 속도로 움직이는 물체뿐만 아니라(특수 상대성 이론), 가속도를 받는 물체와 중력의 영향까지도(일반 상대성 이론) 설명할 수 있게 되었다. 이 과정에서 아인슈타인은 우주에 대한 몇 가지 놀라운 사실을 발견하였다.

휘어지는 빛

우주 공간을 가로지르며 움직이는 상자 옆쪽에 매우 작은 구멍이 있다고 상상해 보자. 만약 이 상자가 위쪽으로 점점 빠르게 이동하고 있을 때, 그 구멍에 빛을 쏜다면 어떤 일이 벌어질까?

빛이 작은 구멍을 통해 상자 안을 가로질러 이동하는 동안, 상자는 위로 올라갈 것이다. 결국 빛은 맞은편 벽에 구멍보다 조금 아래쪽에 도달하게 된다.

> 이 빛의 이동 경로를 따라가면,
> 빛이 상자 안쪽에서 휘는 것을 확인할 수 있다.

자, 이제 상자 안에 있는 사람은 중력과 관성력을 구분할 수 없으니 앞서 말한 '등가 원리'를 적용해 보자. 만약 가속하는 공간에서 빛이 휘어진다면,

> 아인슈타인은 빛이 중력장에서도 휘어질 수 있음을 깨달았다.

하지만 이렇게 빛이 휘는 현상은 일상에서는 알아차릴 수 없을 정도다. 아인슈타인은 (태양계에서 가장 질량이 크고 중력장이 강한) 태양 근처를 지나는 빛은 약 1.7각초(arcsecond: 1도의 1/3,600도)만큼 휘어질 것이라 예측했다.

아인슈타인이 이를 확인하기 위해서는 1919년까지 기다려야만 했다. 1919년 영국의 천문학자 아서 에딩턴은 태양 뒤에 숨어 있는 별의 위치를 파악하여 달이 태양을 가리는 일식이 일어나는 동안 그 별의 빛이 얼마나 휘는지 측정했다.

중력 적색 이동

빛의 속도는 늘 일정하지만, 빛 파동은 줄거나 늘어나며 이때 빛의 색이 변한다. 일반적으로 파란색 빛은 붉은색 빛보다 파장이 짧고 주파수가 높다.

빛은 휘어진 시공간을 지나면, 중력의 영향으로 색이 변한다. 빛은 당연히 속도가 변하지 않기 때문에, 중력장이 큰 태양에서 중력장이 작은 지구로 이동하면서 파장은 길어지고 주파수가 낮아진다. 즉 푸른색에서 붉은색으로 변하게 된다. 이를 중력 적색 이동이라고 한다.

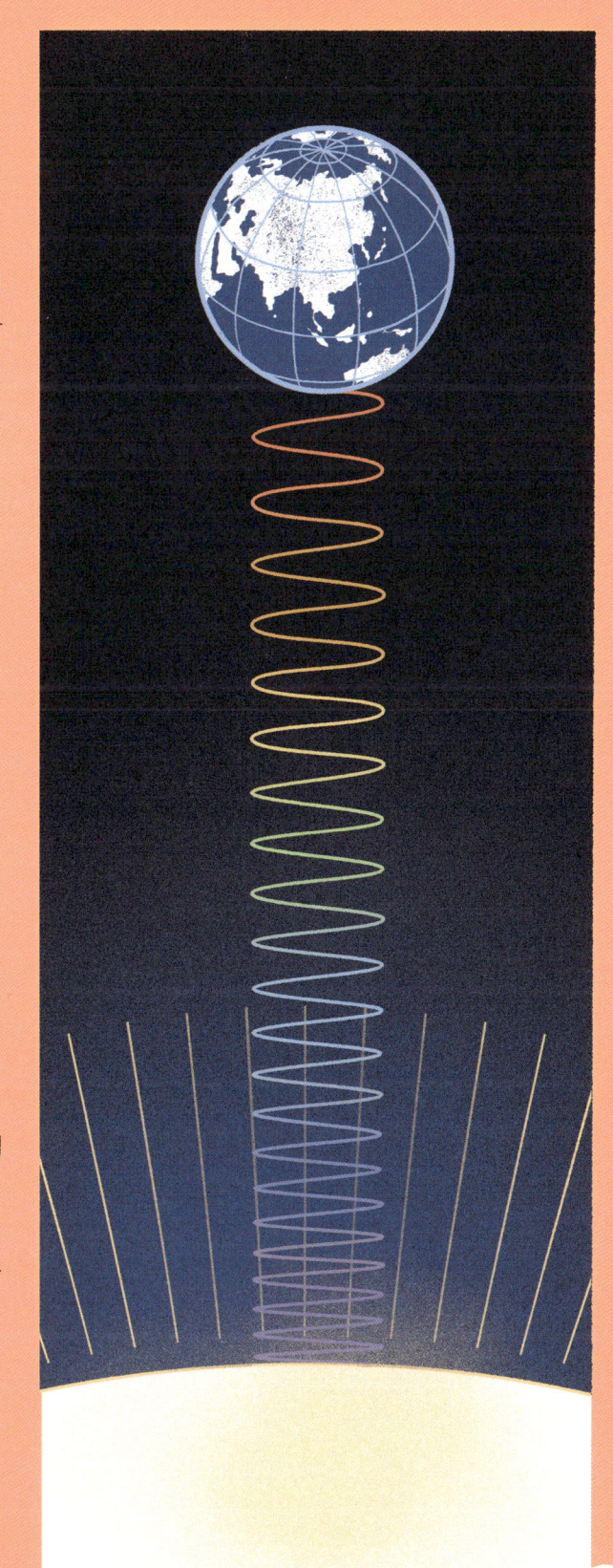

41

우주의 모습

"직선의 개념도 그 의미를 잃게 된다." -《상대성 이론》에서

휘어진 시공간

아인슈타인이 발견한 우주는 별이 여기저기 흩어져 있는, 아주 거대한 빈 공간이 아니었다. 우주는 중력에 의해 휘어지고 뒤틀려 있었다. 중력은 시공간의 휘어짐과 같은 의미로 볼 수 있다.

중력이 시공간의 휘어짐이라는 것을 쉽게 이해하기 위해 우주를 큰 트램펄린이라고 상상해 보자. 트램펄린 한가운데에 무거운 볼링공을 올려놓으면, 트램펄린 표면은 움푹 휜다. 이때 볼링공 주변에 테니스공이나 탁구공을 놓는다면, 이 공들은 볼링공 쪽으로 굴러가게 된다.

트램펄린 위의 볼링공이든, 우주에 있는 태양과 같은 별이든, 질량이 클수록 주위의 시공간을 더 많이 뒤튼다. 만약 트램펄린 위에 질량이 다른 공을 여럿 놓는다면, 울퉁불퉁하면서 뒤틀린 표면이 만들어질 것이다. 이것이 바로 우리 우주의 모습이다.

A에서 B까지의 경로

평평한 종이에 점 두 개를 그려 보자. 두 점을 잇는 가장 짧은 선은 무엇일까? 당연히 직선이다.

고전 물리학에서는 이를 설명하는 수학을 유클리드 기하학이라고 한다. 고대 그리스 수학자 유클리드의 이름을 따서 지었다.

우리는 이런 종류의 기하학을 사용해 지도에서 거리를 계산하거나 삼각형 모서리의 각도를 구할 수 있다. 하지만 4차원 시공간에서는 상황이 좀 더 복잡하다!

유클리드 기하학에서는 어떤 것의 위치를 찾는 데 x, y, z 세 개의 좌표만 있으면 된다. 하지만 두 점의 가장 짧은 거리가 직선이 아니라 곡선인 휜 시공간의 비유클리드 기하학에서는 다르다. 아인슈타인은 비유클리드 기하학에서 거리를 계산하기 위해서는 모든 좌표에 대해 10개의 방정식을 풀어야 한다는 것을 발견했다.

우주의 모양은 어떨까?

아인슈타인은 우주가 "유한하지만 한계가 없다"는 것을 알아냈다. 어떻게 그럴 수 있을까?

여러분이 평평한 행성에 있고 어떤 방향으로든 갈 수 있다고 상상해 보자. 가장자리에 도달하면 어떻게 될까? 떨어질 것이다!

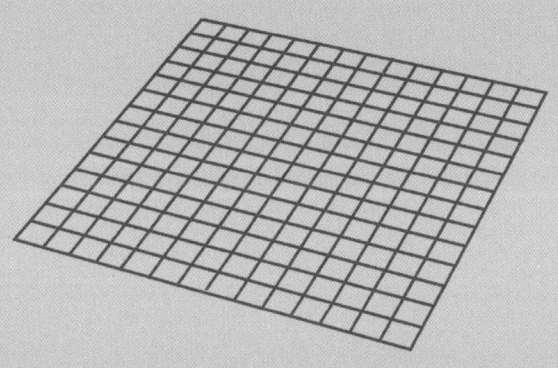

이제 그 평평한 땅을 둥글게 말아 보자. 여러분은 여전히 어디든 갈 수 있는데, 땅은 평평해 보이더라도 휘어 있어서 한 방향으로 계속 걸으면 결국 출발한 곳으로 돌아오게 된다.

우주도 마찬가지다. 4차원으로 휘어 있다. 어떤 방향으로든 영원히 여행할 수 있고, 끝에 도달하지는 않지만, 결국에는 출발한 곳으로 돌아오게 된다.

게다가 우주는 커지고 있다. 우주의 모든 점이 다른 모든 점으로부터 멀어지고 있다.

아인슈타인의 이론에 대한 검증과 증명

"지구에서 어떤 별들은 태양 근처에 있는 것처럼 보여서 개기 일식 때 관측할 수 있다. 이때 이 별들은 태양이 다른 쪽 하늘에 있을 때 보이는 위치와 비교하면, 태양으로부터 바깥쪽으로 밀려나 있는 것처럼 보일 것이다." - 아인슈타인

아인슈타인은 일반 상대성 이론을 증명하기 위해 세 가지 방법을 생각해 냈다. 첫 번째는 자신의 방정식을 이용해 수성이 태양 주위를 돌 때마다 궤도가 조금씩 변하는 특이한 궤도를 갖고 있음을 설명하는 것이었다.

두 번째는 빛이 중력에 의해 휜다는 이론을 증명하는 것이었고, 세 번째는 빛의 속도는 늘 같지만, 중력으로 인해 빛의 파장이 변하면, 색도 변한다는 중력 적색 이동 현상을 확인하는 것이었다. 이중 두 번째가 가장 중요하면서도 가장 어려운 과제였다.

첫 번째 시도

1914년, 아인슈타인은 일반 상대성 이론을 최종적으로 발표하기 이전부터, 이 이론을 실험으로 증명하려고 연구했다. 그는 천문학자인 에르빈 프로인틀리히에게 1914년 8월 21일에 함께 크림반도로 가서 개기 일식을 촬영하고 측정해 달라고 부탁했다.

아인슈타인은 태양 뒤에 있는 별에서 오는 빛이 태양의 중력 때문에 휘어져 지구에 도달한다는 사실을 입증하게 될 것이라고 확신했다.

그런데 개기 일식이 있기 며칠 전, 제1차 세계 대전이 일어났다. 독일은 러시아에 전쟁을 선포했고, 프로인틀리히는 크림반도로 가다가 붙잡히게 되었다. 게다가 날이 흐려 개기 일식은 관측이 어려웠다. 모든 상황이 불리하게 돌아갔다.

다시 처음으로 돌아가서

그런데 이 모든 불운이 오히려 행운이 되었다. 아인슈타인이 계산을 잘못한 부분이 있었기 때문이다. 만약 순조롭게 관측이 이뤄졌다면, 아인슈타인의 이론 자체가 잘못된 것으로 여겨졌을 테다. 아인슈타인은 1년 동안 계산을 다시 검토했고, 먼 곳의 별빛이 실제로는 1.7초만큼 휘어진다는 사실을 알아냈다(이전에는 0.85초만큼 휜다고 계산했었다). 다음 개기 일식은 1919년에야 일어날 것이기에, 아인슈타인은 일반 상대성 이론을 입증하기 위해 그때까지 기다려야만 했다.

두 번째 탐사

1919년 5월 29일, 케임브리지 천문 대장인 아서 에딩턴이 마침내 아인슈타인의 일반 상대성 이론을 입증할 수 있는 사진을 촬영하는 데 성공했다.

에딩턴이 이끄는 탐사팀은 둘로 나뉘어 각각 아프리카 서부 해안의 프린시페섬과 브라질 북부의 아마존 밀림으로 향했다.

이들은 장비를 설치한 뒤, 오후 3시 13분에 개기 일식이 시작되자마자 태양 주변의 별들을 촬영했다. 1919년 11월, 탐사팀이 돌아왔고, 촬영한 필름이 현상되는 데 몇 달이 걸렸다. 그리고 긴 기다린 끝에, 마침내 결과가 나왔다!

아인슈타인은 태양과 같이 거대한 천체는 빛조차도 원래의 경로에서 벗어나게 할 만큼 어마어마한 중력을 지니고 있다는 사실을 확인했다.

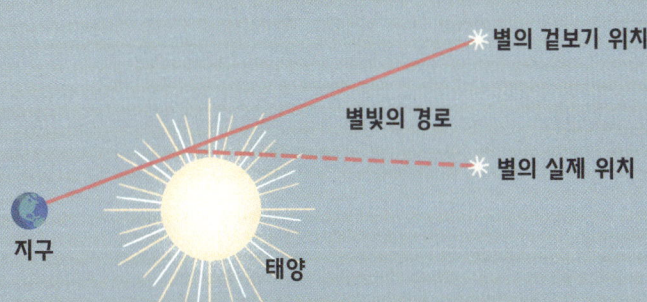

이러한 차이로 인해 개기 일식 때 관측된 별의 위치는 평상시에 측정한 것과 비교했을 때 조금 다르다.

태양의 중력이 실제로 빛을 휘게 했다!
아인슈타인의 예측이 맞았다!

《상대성 이론》의 출판 : 특수 상대성 이론과 일반 상대성 이론

"이 책이 누군가에게 사색의 즐거움을 느끼는 시간을 선사하기를 바란다!"

-《상대성 이론》 서문에서

1915년 11월, 일반 상대성 이론을 발표한 후 아인슈타인은 자신의 획기적인 연구를 대중에게 설명하기 위해 책을 쓰기 시작했다. 그의 목표는 "과학과 철학에는 관심이 있지만, 이론 물리학의 수학적 도구에는 익숙하지 않은 독자들이 상대성 이론을 정확히 이해하도록 돕는 것"이었다.

아인슈타인은 1916년 12월에 책을 완성했고, 1917년 초에 처음으로 독일어로 출판했다.

전 세계적인 베스트셀러

아인슈타인은 자신이 쓴 책이 그다지 마음에 들지 않았다. 설명이 "너무 딱딱하다"고 생각했기 때문이다.

하지만 그의 생각과는 달리, 이 책은 곧 전 세계적으로 인기 있는 베스트셀러가 되었다.

독일어로 출판된 지 5년 만에, 이 책은 프랑스어, 일본어, 러시아어, 중국어를 포함해 10개 국어로 번역되었다.

아인슈타인의 명성이 알려지고 그가 직접 세계 곳곳에서 강연을 하면서, 책은 점점 더 인기를 얻게 되었다. 《상대성 이론》은 수년 동안 아랍어, 그리스어, 아이슬란드어, 포르투갈어, 터키어 등 다양한 언어로 출판되었다.

완성을 향한 여정

사실 이 책은 상대성 이론이 1919년 실험으로 입증되기 전까지는 실제로 인기를 얻지는 못했다.

아서 에딩턴이 개기 일식 때 빛이 휘는 것을 관측해 아인슈타인의 일반 상대성 이론이 증명된 직후인 1920년 8월에야 영어판이 출판되었다.

아인슈타인은 책에 자신의 이론이 실험으로 확인되었다는 내용을 새로 추가했다. 그 이후에도 내용을 더하거나 고쳐 썼다. 처음 출판된 지 약 30년이 지난 1946년에도 아인슈타인은 우주와 공간의 구조에 대한 중요한 부분을 추가하였다.

유명인이 된 아인슈타인

"눈이 먼 딱정벌레는 휜 나뭇가지 표면을 기어갈 때, 자기가 지나온 길이 사실은 휘어 있다는 것을 알아채지 못한다. 나는 딱정벌레가 알아채지 못한 걸 발견할 만큼 운이 좋았다."

-아인슈타인이 아들에게 보낸 편지에서

독일군이 영국과 프랑스와 싸운 제1차 세계 대전이 끝난 지 1년 뒤, 한 영국 과학자가 독일 출신 유대인이 생각해 낸 놀라운 이론이 맞다는 것을 증명해 냈다. 이는 세상에 꼭 필요한 소식이었다.

단숨에 이룬 성공

1919년, 아서 에딩턴의 개기 일식 관측 탐사를 통해 아인슈타인의 이론이 증명되자, 사람들은 아인슈타인의 상대성 이론을 비록 완전히 이해하지는 못해도 그 이론이 몹시 놀랍고 대단하다고 느꼈다.

신문은 아인슈타인의 업적을 머리기사로 다뤘다.

"하늘의 빛이 온통 휘어져 있다. 과학자들은 개기 일식의 관측 결과에 당황하면서도 놀라워하고 있다."

-뉴욕 타임스

괴짜 천재 교수

아인슈타인의 매력 중 하나는 곱슬곱슬한 머리카락과 약간 헝클어진 옷차림 같은 독특한 외모였다.

그는 과학자뿐만 아니라 일반 대중에게도 자신의 생각과 이론을 전달하려 노력한 덕분에 금세 유명인이 되었다.

오늘날 우리가 만화나 영화에서 보는 천재 과학자의 모습 대부분은 아인슈타인을 모델로 한 것이다.

아인슈타인은 사람들의 관심을 즐겼다. 조금도 마다하지 않고 사진 촬영과 인터뷰 요청에 응했다. 1931년에는 부인과 함께 미국으로 여행가서, 미국의 유명한 배우였던 찰리 채플린을 만났고, 그의 새 영화 '시티 라이트' 시사회에도 초대받았다. 찰리 채플린과 함께 사진도 찍었는데, 훗날 이 사진은 세계에서 가장 유명한 물리학자와 가장 유명한 배우가 함께한 모습으로 유명해졌다.

이후 수년 동안, 아인슈타인은 수많은 인터뷰를 했고, 주기적으로 사진을 찍었다. 아인슈타인이 혀를 내밀고 있는 사진은 오늘날 너무 유명해졌고, 티셔츠와 포스터에도 실리고 있다!

아인슈타인의 뇌

천재란 무엇이고, 천재성은 어떻게 생기는 걸까?

1955년, 76세의 나이로 아인슈타인이 세상을 떠났을 때, 믿기 힘든 일이 일어났다. 아인슈타인이 사망한 프린스턴 의료 센터의 의사 토마스 하비가 아인슈타인을 화장하기 전에, 몰래 뇌를 빼낸 것이다!

하비 박사는 아인슈타인의 뇌를 연구하면 천재성의 비밀을 밝힐 수 있을 거라 생각했다. 그래서 유족의 동의도 받지 않고 아인슈타인의 뇌를 몰래 빼내 연구하기 시작했다.

하비는 먼저 뇌의 무게를 측정하여 1,230g이라는 것을 확인했다. 그런 다음 뇌를 170조각으로 나누어 큰 병 두 개에 담았고, 병은 오래된 나무 상자에 넣어 두었다.

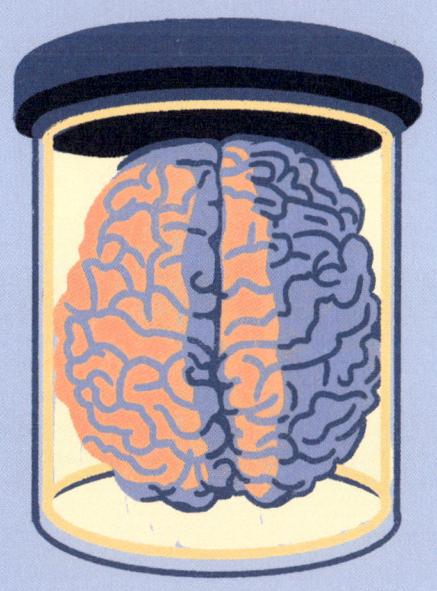

그렇게 아인슈타인의 뇌는 20년 넘게 잊혀 있다가, 1978년에 발견되었다.

1998년 신경심리학자 산드라 위텔슨이 〈알베르트 아인슈타인의 특별한 뇌〉라는 논문을 발표해 아인슈타인의 뇌에 대해 발견한 사실을 세상에 알렸다. 그 당시 캐나다 맥마스터 대학교에서 아인슈타인의 뇌를 연구했고, 위텔슨은 아인슈타인의 뇌가 일반적인 뇌의 구조와 조금 다르다는 사실을 발견했다.

하지만 뇌 구조가 천재성과 관련이 있는지는 여전히 알 수 없다.

노벨 물리학상을 받다

"이론 물리학에 큰 공을 세워, 특히 광전 효과를 발견해 노벨 물리학상을 수여한다."
- *1921년 아인슈타인의 노벨 물리학상 수상에 관한 위원회의 의견*

1922년 11월, 아인슈타인이 1921년 노벨 물리학상 수상자로 선정되었다는 발표가 났다. 그런데 세계를 놀라게 한 상대성 이론 때문이 아니라, 아인슈타인이 1905년에 발견한 광전 효과로 상을 받게 되었다.

아인슈타인은 1910년에 특수 상대성 이론으로 처음 노벨 물리학상 후보에 올랐다. 노벨상은 '가장 중요한 발견 또는 발명'에 주어져야 한다는 기준이 있었기에, 스웨덴 노벨 위원회는 상대성 이론이 그 기준에 맞는지 논쟁을 벌였다. 노벨 위원회는 수년 동안 논의한 끝에, 상대성 이론이 아닌 광전 효과를 발견한 공로를 인정해 아인슈타인에게 노벨상을 수여하기로 결정했다.

시상식은 12월 스웨덴에서 열렸는데, 이날 아인슈타인은 시상식 대신 일본에서 열리는 강연회에 갔다.

노벨상이란?

노벨상은 세계에서 가장 권위 있는 상 중 하나이다.

스웨덴 스톡홀름에 있는 노벨 위원회는 매년 물리학, 화학, 의학, 문학, 평화, 경제학 분야에서 '인류에게 가장 큰 공헌을 한' 인물에게 노벨상을 수여한다.

이 상은 다이너마이트를 발명한 스웨덴의 발명가이자 사업가인 알프레드 노벨의 유산으로 만들어졌으며, 1901년부터 매년 수여되고 있다.

수상자는 매년 10월 발표되며, 금으로 장식된 메달과 함께 스웨덴과 노르웨이의 저명한 예술가들이 제작한 아름다운 장식의 상장 그리고 현재 1,100만 스웨덴 크로나(약 13.6억 원)에 이르는 상금을 받게 된다.

상금

아인슈타인은 아내이자 물리학자였던 밀레바 마리치와 함께 연구했다. 밀레바는 아인슈타인이 논문을 발표하기 전에 수식이 맞는지 확인해 주었다.

부부에게는 딸 하나와 아들 둘이 있었지만, 안타깝게도 결혼 생활은 그리 오래가지 못했다. 둘이 헤어질 때, 아인슈타인은 밀레바에게 만약 노벨상을 받게 된다면(아인슈타인은 노벨상을 받을 거라 확신했다!) 상금을 모두 주겠다고 말했다.

밀레바는 신중히 고민한 끝에 그 제안을 받아들였고, 아인슈타인은 노벨상을 받은 뒤 약속대로 밀레바에게 상금을 모두 주었다.

현대 문명에 기여한 아인슈타인의 발견

아인슈타인의 이론과 발견이 없었다면 우리가 사는 세상은 지금과는 꽤 달랐을 것이다.
많은 부분이 아인슈타인 덕분에 가능해졌는데, 그중 몇 가지를 소개한다.

원자력 발전

아인슈타인은 1905년에 발표한 특수 상대성 이론에서 물질의 질량이 그 물질이 가지고 있는 에너지의 양을 측정하는 또 다른 방식이라는 사실을 밝혔고, 이를 그 유명한 공식인 $E=MC^2$로 표현했다.

원자력 발전소는 이 원리를 활용해 적은 양의 우라늄에서 엄청난 에너지를 생산해 낸다. 원자력 발전소 내부에 있는 원자로라는 곳에서, 중성자라고 불리는 매우 작은 아원자 입자 중 하나가 우라늄 원자를 향해 발사된다. 중성자는 우라늄을 더 작은 원자들로 분열시키고, 그 과정에서 에너지를 방출하게 한다.

이렇게 발생한 에너지는 물을 가열하여 증기를 만든다. 증기는 터빈을 회전시키고, 터빈은 전기를 생산한다. 이렇게 만들어진 전기는 가정과 사무실에서 사용된다.

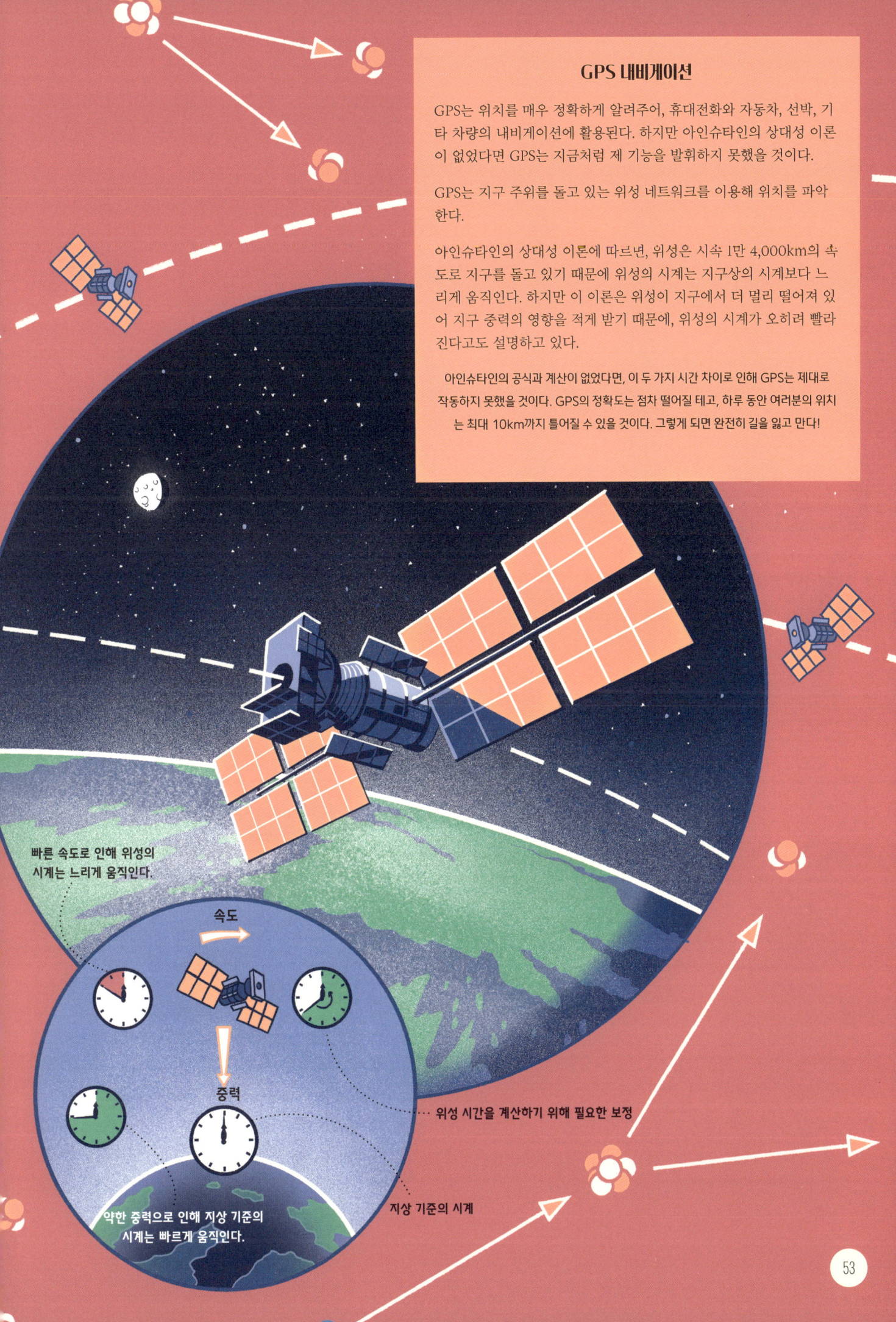

GPS 내비게이션

GPS는 위치를 매우 정확하게 알려주어, 휴대전화와 자동차, 선박, 기타 차량의 내비게이션에 활용된다. 하지만 아인슈타인의 상대성 이론이 없었다면 GPS는 지금처럼 제 기능을 발휘하지 못했을 것이다.

GPS는 지구 주위를 돌고 있는 위성 네트워크를 이용해 위치를 파악한다.

아인슈타인의 상대성 이론에 따르면, 위성은 시속 1만 4,000km의 속도로 지구를 돌고 있기 때문에 위성의 시계는 지구상의 시계보다 느리게 움직인다. 하지만 이 이론은 위성이 지구에서 더 멀리 떨어져 있어 지구 중력의 영향을 적게 받기 때문에, 위성의 시계가 오히려 빨라진다고도 설명하고 있다.

아인슈타인의 공식과 계산이 없었다면, 이 두 가지 시간 차이로 인해 GPS는 제대로 작동하지 못했을 것이다. GPS의 정확도는 점차 떨어질 테고, 하루 동안 여러분의 위치는 최대 10km까지 틀어질 수 있을 것이다. 그렇게 되면 완전히 길을 잃고 만다!

빠른 속도로 인해 위성의 시계는 느리게 움직인다.

속도

중력

위성 시간을 계산하기 위해 필요한 보정

지상 기준의 시계

약한 중력으로 인해 지상 기준의 시계는 빠르게 움직인다.

광섬유 케이블

레이저의 발명으로 광섬유를 이용한 통신의 시대가 열렸다. 광섬유는 가느다란 유리나 플라스틱으로 만들어진 섬유로, 아주 먼 데까지 빛을 보낼 수 있다. 해저 바닥을 따라 나라와 나라를 연결하는 두꺼운 케이블 다발로도 사용된다. 인터넷은 서로 연결된 수백만 대의 컴퓨터로 이루어져 있으며 광섬유 케이블로 정보를 공유한다. 정보가 가느다란 광섬유를 따라 반사되는 레이저 신호에 담겨 전 세계로 전달되는 것이다.

광섬유의 두께는 머리카락의 10분의 1에 불과하지만, 각각의 광섬유는 약 50만 통에서 200만 통까지 동시에 통화가 이뤄지게 한다. 하나의 케이블에는 수백 개의 개별 광섬유가 묶여 있다.

정보는 광섬유를 통해 빛의 속도의 약 3분의 2 정도의 속도로 이동한다. 그래서 지구 반대편에 있는 사람과도 순식간에 통화할 수 있는 것이다.

컴퓨터의 정보는 메시지를 보내기 위해 코드로 바꾸어 레이저에 의해 연속적인 빛의 신호로 보내진다. 이 빛이 케이블을 따라 케이블 안에서 계속 반사돼 반대편 끝에 있는 검출기에 도착하면 우리가 이해할 수 있는 정보로 다시 바뀌는 것이다.

레이저

1917년, 아인슈타인은 '유도 방출'이라는 새로운 개념을 선보였다. 이는 원자를 적절히 자극해 광자를 내보내게 하여, 안정적이면서도 집중된 빛의 흐름을 만들 수 있다는 아이디어였다.

아인슈타인이 '유도 방출'이라는 아이디어를 선보인 지 한참 뒤인 1960년대에 이르러서야 과학자들은 그 개념을 바탕으로 첫 번째 소형 레이저를 개발할 수 있었다. '레이저(LASER)'는 '유도 방출에 의한 빛의 증폭(Light Amplification by Stimulated Emission of Radiation, LASER)'의 약자이다.

레이저는 매우 먼 거리까지 빛을 퍼지지 않고 작고 집중된 빔 형태로 전달할 수 있게 한다. 레이저는 단일 파장, 즉 한 가지 색상의 순수한 빛으로 만들 수 있다.

오늘날 레이저는 다양한 분야에서 널리 활용된다. 거리를 측정하거나 건설 현장에서 직선을 표시하거나, 인공위성을 이용해 지구 표면을 스캔하여 정밀한 지도를 제작하거나, 물건을 살 때 바코드를 스캔하거나, 무언가를 정교하게 자르거나, 컴퓨터 디스크에 저장된 정보를 읽어내는 등 현대 사회 곳곳에서 매우 중요한 역할을 한다.

광전지

광전지라는 장비는 휴대용 계산기에 전력을 공급하고, 태양광 패널에서 전기를 생산해 낼 뿐만 아니라, 가정에서 방범 경보기나 보안등을 작동시키는 등 여러 곳에서 활용되고 있다.

광전지의 작동 원리는 빛 에너지를 전기 에너지로 변환하는 것인데, 우리가 이 놀라운 기술을 갖게 된 것은 1905년에 아인슈타인이 광전 효과에 대한 논문을 발표한 덕분이다.

아인슈타인은 빛이 광자라고 불리는 에너지 입자로 이루어져 있다는 사실을 발견했다. 이 광자들이 금속 표면에 충돌하면 실제로 일부 전자가 방출되면서 전류가 만들어진다.

흥미롭게도 광전지는 가시광선뿐만 아니라 자외선으로도 전기를 생산할 수 있다.

앞서 말했듯이 아인슈타인은 이 광전 효과에 대한 연구로 노벨 물리학상을 받았다.

우리가 지금 알고 있는 것: 첫 번째 이야기

아인슈타인이 일반 상대성 이론을 발표했을 당시에는, 아인슈타인조차도 이 이론이 가진 의미를 완전히 이해하지 못했다. 그로부터 한 세기 이상 흐른 지금, 과학자들은 여전히 아인슈타인의 이론을 토대로 우주에 대한 사실을 발견하고 있다.

블랙홀

1915년 아인슈타인의 일반 상대성 이론이 공개되었을 때, 독일의 물리학자 카를 슈바르츠실트는 이 이론에 매우 복잡한 의미가 숨겨져 있다고 느꼈다.

슈바르츠실트는 수학적으로 매우 복잡하기는 했지만, 아인슈타인이 우주 공간상의 천체들을 적용하여 만든 방정식으로 몇 가지 답을 계산해 내기 시작했다. 슈바르츠실트는 1916년에 연구 결과를 발표했고, 이는 이후 수많은 발견을 이끌었다. 그중에서도 가장 주목할 만한 것은 블랙홀의 존재를 예견한 것이다.

별이 무너지다

슈바르츠실트는 별의 질량이 극도로 작은 점으로 압축된다면 시공간 자체가 매우 심하게 휠 거라는 사실을 발견했다.

실제 이런 상황이 생긴다면, 우주에서 엄청나게 밀도가 높은 이 점에 접근하는 모든 것은 중력을 벗어날 만큼 충분히 빠른 속도를 가질 수 없게 된다. 우주에서 가장 빠르게 움직이는 빛조차도 빠져나올 수 없다! 더욱이 아인슈타인의 이론에 따르면, 그 중심에서는 시간의 흐름마저 멈추게 될 것이다.

아인슈타인은 슈바르츠실트의 발견에 깊이 감동받았지만, 현실 세계에서 거대한 별이 실제로 붕괴해 이렇게 밀도가 엄청나게 높은 하나의 점을 만들어 낼 수는 없을 거라고 여겼다.

하지만 아인슈타인이 세상을 떠난 지 얼마 지나지 않아, 과학자들은 밀도가 엄청나게 높은 이러한 지점이 실제로 있다는 것을 확인했다. 이후 천문학자 존 휠러가 이러한 곳을 '블랙홀'이라고 이름 지었다. 블랙홀은 실제로 존재할뿐더러 우주에 상당히 흔하다는 사실도 밝혀졌다. 놀랍게도 우리 은하의 중심에도 거대한 블랙홀이 있다!

촬영에 성공하다!

많은 사람이 블랙홀을 사진 찍는 건 불가능할 거라고 생각했다. 빛이나 어떤 형태의 전자기파도 블랙홀의 강력한 중력에서 벗어날 수 없기 때문이다. 그러나 2019년 4월, 과학자들은 블랙홀의 사진을 최초로 공개해 세상을 놀라게 했다.

처녀자리에 있는 타원 은하인 M87의 중심에 있는 초거대질량 블랙홀은 지구로부터 무려 5,300만 광년이나 떨어져 있다. 과학자들은 전 세계 곳곳에 위치한 전파 망원경을 하나로 연결해서 블랙홀이 주변 우주 공간에 미치는 영향을 사진에 담았다.

블랙홀에 가까이 있는 별은 찢기면서 블랙홀 내부로 빨려들어 가는데, 물이 배수구로 빨려들어 가듯이 소용돌이를 만든다. 이 소용돌이는 상상할 수 없을 정도로 온도가 높다.

천문학자들은 이 소용돌이를 관측해 촬영했다. 빨려들어 가는 물질이 블랙홀로 넘어가 더는 보이지 않는 지점을 사건의 지평선이라고 부른다.

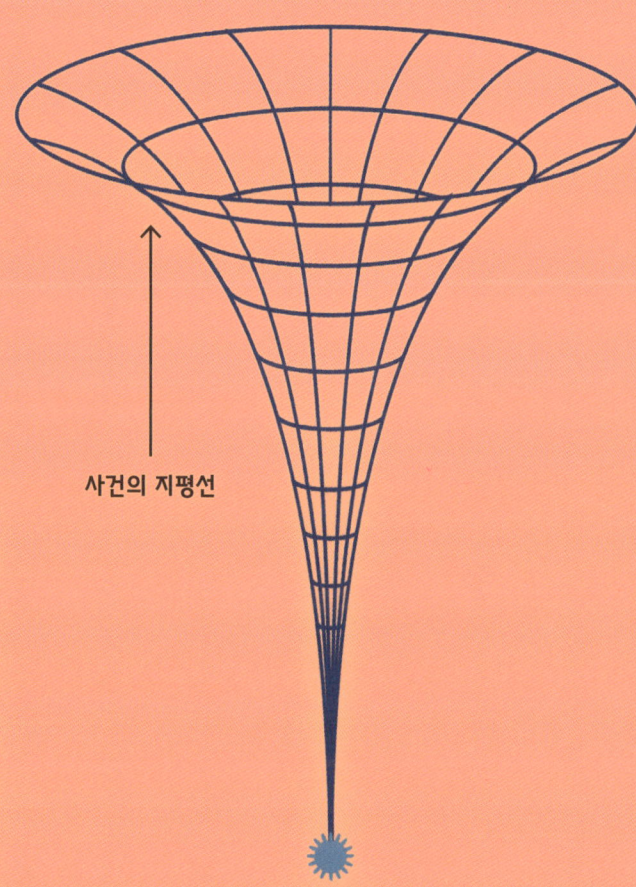

사건의 지평선

중력 특이점
블랙홀의 중심은 밀도가 무한대이다. 이러한 지점을 중력 특이점이라고 부른다.

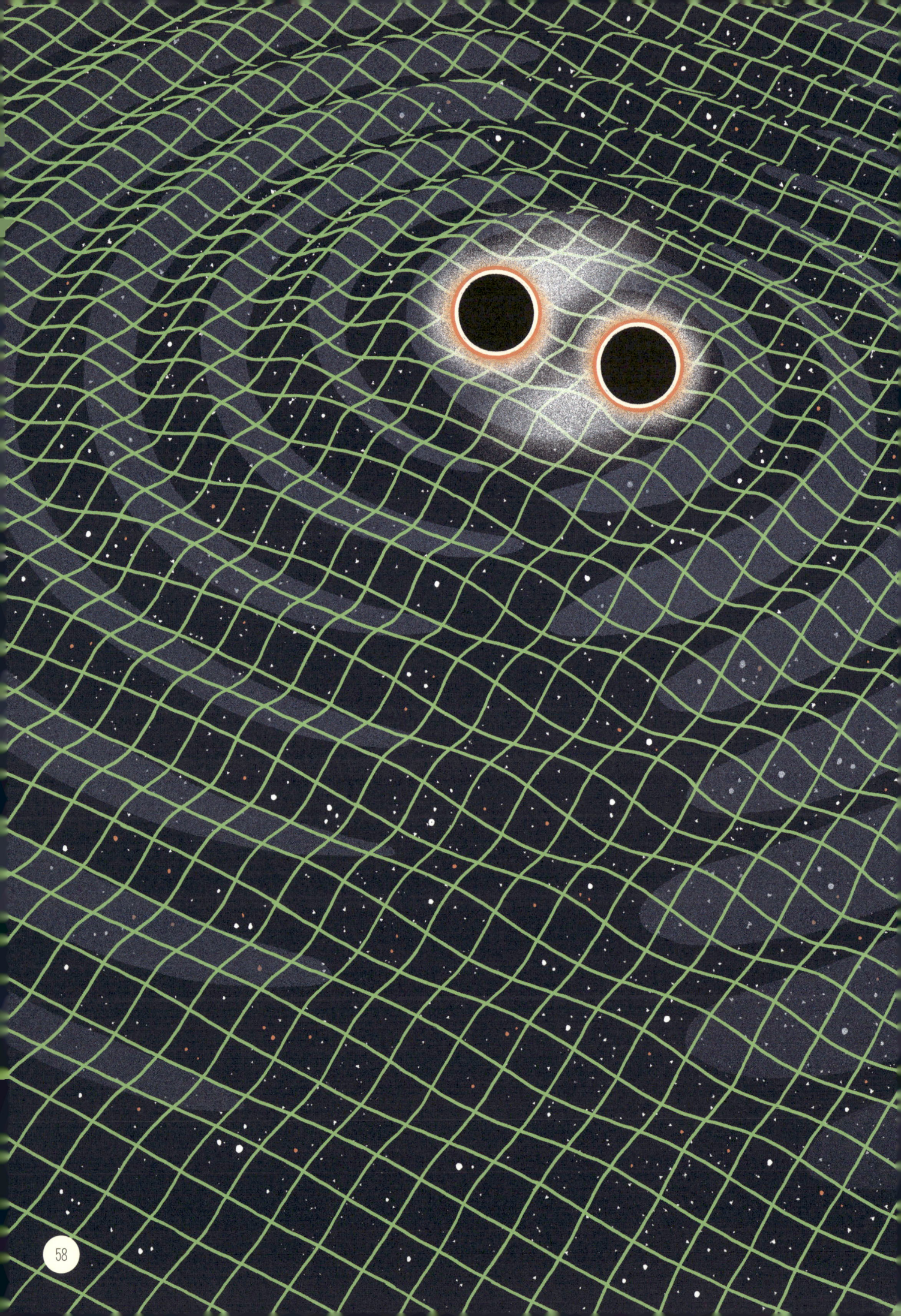

우리가 지금 알고 있는 것: 두 번째 이야기

중력파

아인슈타인은 행성이나 별과 같은 거대한 질량으로 시공간이 왜곡되어 중력이 생긴다는 것을 발견했다. (트램펄린이 무거운 공 때문에 움푹 들어가고 작은 공들이 무거운 공 쪽으로 구르던 것을 기억할 것이다.)

그렇다면 행성이나 별이 움직일 때 시공간에는 어떤 변화가 일어날까?

아인슈타인의 일반 상대성 이론이 등장하기 10년 전, 과학자 앙리 푸앵카레는 거대하고 가속도가 큰 물체가 시공간에 '중력파'라는 작은 물결을 만들어 낼 수 있다고 말했다. 마치 고요한 연못에 돌을 던졌을 때 일어나는 작은 물결이나, 호수를 가로질러 노를 저어가는 보트 주변에서 퍼져나가는 물결처럼 말이다.

아인슈타인의 이론은 중력으로 잔물결이 생긴다는 사실을 예측했다. 아인슈타인은 잔물결이 중력 복사 형태로 퍼져나간 형태거나 에너지의 파동일 것이라 보았다. 움직이는 물체의 질량이 클수록 시공간에 미치는 영향도 커지고, 잔물결의 규모도 커진다고 했다.

어려운 점

수년 동안 과학자들은 지구를 통과하는 중력파를 감지할 방법을 개발하려고 노력했지만, 별다른 성과를 거두지 못했다. 중력파가 일으키는 변화가 너무 작아 측정하기가 어려웠다.

그러다 1974년, 러셀 A. 헐스와 조셉 H. 테일러 주니어가 매우 중요한 발견을 했다. 이들은 그 결과로 20년이 지난 1993년에 노벨 물리학상을 받는다. 그들이 발견한 것은 '쌍성 펄서'라고 하는 매우 특별한 펄서였다. 즉 매우 가까운 거리에서 서로 공전하는 두 개의 중성자별을 발견한 것이다.

중성자별들은 규칙적인 섬광이나 전자기 펄스 형태로 에너지를 매우 규칙적으로 내보내는데, 이러한 에너지는 지구에서도 측정할 수 있다. 이렇게 규칙적으로 전자기 펄스 형태의 전파를 발생하는 중성자별을 펄서라고 부른다. 이런 펄서가 서로 가까이서 돌고 있다면 서로의 강력한 중력으로 인해 쌍성 펄서 시스템이 생긴다. 이러한 시스템을 통해 아인슈타인이 예측한 중력파의 존재를 확인할 수 있다.

중력파의 관측

과학자들은 쌍성 펄서 덕분에 중력파가 실제로 존재한다는 것을 알아냈고, 2015년 9월에 비로소 중력파를 측정할 수 있었다.

과학자들은 미국에 위치한 두 개의 거대한 관측 장비를 이용해, 두 개의 블랙홀이 합쳐질 때 발생하는 중력파를 감지할 수 있었다.

LIGO(레이저 간섭계 중력파 관측소)는 4km 떨어진 두 거울 사이에 레이저 빛을 계속 오가게 한다. 중력파가 지구를 통과할 때 거울 사이의 거리가 아주 미세하게 달라지는데, 이를 측정하는 것이다.

두 개의 LIGO 검출기는 3,000km 떨어져 있어서 과학자들은 중력파가 어디에서 오는지 확인할 수 있다.

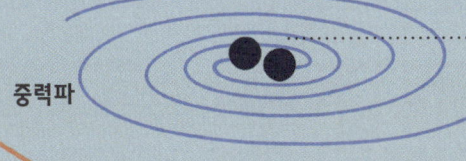

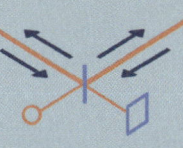

2 거울은 레이저 빛을 반사해 다시 광원으로 보낸다.

중력파

두 개의 블랙홀

1 레이저 빛이 빛 분배기로 보내지면, 분배기는 빛을 두 방향으로 보낸다.

3 일반적으로는 각각의 레이저 빛이 광원으로 돌아와 서로의 빛을 상쇄한다. 다시 말해 빛은 없어진다. 하지만 중력파가 지나간다면 레이저 빛이 왜곡되어 상쇄되지 않기 때문에, 중력파를 감지할 수 있게 된다.

아인슈타인의 상대성 이론, 그다음 단계는?

아인슈타인의 상대성 이론은 중력의 본질과 중력장의 효과를 설명한다. 하지만 중력은 우주에서 작용하는 기본적인 네 가지 힘 중 하나일 뿐이다. 그래서 아인슈타인은 다음 단계로 상대성 이론에 다른 장(fields)과 힘(forces)을 연결하여, 우주의 모든 현상을 설명할 수 있는 통일장 이론을 세워야 한다고 생각했다.

1923년부터 1931년까지 아인슈타인은 중력장 이론과 전자기장을 아우르는 통일장 이론을 연구했다. 비록 성공하지는 못했지만, 그의 연구는 훗날 과학자들의 발견과 연구의 토대가 되어 주었다.

장과 힘

오늘날 우리가 알고 있는 물리학에서 우주를 뒷받침하는 힘은 네 가지의 기본 힘으로 구성되어 있다. 각각의 힘은 그 힘을 전달하는 특별한 입자를 지닌다. 이를 하나씩 살펴보자.

강한 핵력

강한 핵력 또는 강력이라고 불리는 이 힘은 우리 주변의 모든 것을 이루는 가장 작은 기본 요소인 쿼크로 이루어진 원자핵을 붙들고 있는 힘이다. 쿼크 사이에 힘을 전달하는 입자는 글루온이라고 하며, 여덟 종류가 있다.

전자기력

전자기력은 전기장과 자기장이 결합된 상태에서 전하를 띤 입자들의 상호 작용이다. 아인슈타인은 이 전자기력이 만든 에너지를 작은 단위로 전달하는 특별한 입자, 즉 광자라는 개념을 만들고 발전시켰다.

모든 것의 이론

오늘날 과학자들이 해결하지 못한 문제 중 하나는 아인슈타인의 상대성 이론과 양자 역학을 어떻게 연결하느냐 하는 것이다. 상대성 이론은 별, 행성, 블랙홀과 같이 질량이나 에너지를 가진 거대한 물체들의 상호 작용을 설명하고, 양자 역학은 원자 및 아원자 수준에서 아주 작은 것들의 상호 작용을 설명한다.

물리학 연구소 세른에 있는 거대한 입자 충돌기를 이용하면, 입자를 빛의 속도에 가깝게 가속시킨 뒤 서로 충돌하게 해 새로운 종류의 매우 무거운 입자를 발견할 수 있다. 과학자들은 이를 통해 우주가 어떻게 작동하는지 이해하려고 노력하고 있다.

우주 최초의 순간에는 모든 물질이 중력 특이점이라고 불리는 아주 작고 상상할 수 없을 정도로 밀도가 높은 한 점으로 압축되어 있었다. 따라서 아인슈타인의 상대성 이론과 양자 역학, 즉 크고 작은 것을 결합한 이론은 우주 최초의 순간에 무슨 일이 있었는지 설명하는 데 도움이 될 것이다.

과학자들은 아직 아인슈타인이 꿈꾸었던 단일 통일장 이론을 만들지는 못했지만, 끈(string) 이론을 포함해 새로운 연구를 계속하고 있다.

중력

중력은 우주 전체에 있는 모든 것에 영향을 미치는 장거리 상호 작용이다. 아직 실제로 발견되지는 않았지만, 과학자들은 중력자라는 입자가 중력을 전달한다고 생각하고 있다.

우리는 매일 (우리가 발을 땅에 붙이고, 지구가 태양 주위를 공전하는 것과 같은) 중력의 효과를 느끼지만, 사실 중력은 기본적인 네 가지 힘 중 가장 약하다.

약한 핵력

약력이라고도 불리는 약한 핵력은 일부 방사능 붕괴에서 발생되는, 단일 양성자보다 아주 짧은 범위에서 발생하는 힘이다. 약력은 W-보손과 Z-보손이라고 불리는 입자에 의해 전달된다.

힉스 보손

물리적으로 상호 작용하는 힘은 보손이라고 불리는 아주 작은 입자에 의해 발생한다고 알려져 있다. 2012년부터 세른에서 대형 강입자 충돌기로 실험했고, 마침내 힉스 보손을 확인했다. 힉스 보손은 전자나 양성자와 같은 기본 입자에 질량을 부여하기 때문에 사람들에게 '신의 입자'라고 불려 왔다.

용어 설명

개기 일식: 태양이 달에 의해 완전히 가려지는 현상. (44쪽)

고전 역학: 우주에서 물체의 거시적 운동을 설명하는 규칙. 뉴턴 역학이라고도 한다. (6쪽)

공기 저항: 공기 중에 움직이는 물체가 공기로부터 받는 힘에 대해 버티는 것. (6쪽)

관성: 물체가 현재의 운동 상태를 유지하려는 성질. (34쪽)

광섬유: 정보를 보내기 위해 사용하는 가느다란 유리나 플라스틱 섬유. (54쪽)

광자: 빛을 구성하는 기본 단위. (18쪽)

광전지: 빛이나 기타 전자기파에 노출되었을 때 전기를 발생시키는 장치. (55쪽)

궤적: 공간에서 물체가 움직이는 경로. (33쪽)

글루온: 쿼크와 쿼크 사이에서 강한 핵력을 전달하는 입자. (60쪽)

기체: 자유롭게 움직이면서 어떤 모양이든 가질 수 있고, 어떤 용기에서든 고르게 분포하는 물질의 상태. (19쪽)

기하학: 사물의 모양, 크기, 위치를 연구하는 학문. '땅을 재다'라는 뜻. (4, 10, 33쪽)

나침반: 방향을 찾는 데 사용하는 자력에 반응하는 도구. (4쪽)

노벨상: 물리학, 화학, 생리의학, 문학, 경제학, 세계 평화 이렇게 여섯 분야에서 뛰어난 업적을 남긴 이에게 주는 국제적으로 가장 권위가 높은 상. (50쪽)

레이저: 응집되고 강력한 빛의 광선을 만들어 내는 도구. (54쪽)

리튬: 은백색 광택이 있는 알칼리 금속 원소의 하나. (27, 35쪽)

복사: 에너지를 파동이나 입자의 형태로 방출하는 것. (13, 18쪽)

분자: 두 개 이상의 원자가 단단히 결합된 것. (19쪽)

블랙홀: 중력이 매우 강해서 그 어떤 물질도 빠져나올 수 없는 천체. (56쪽)

빛: 여러 파장을 포함하고 있는 전자기파의 복사 형태. (12쪽)

빛 파동: 빛을 운반하는 전자기파. (41쪽)

사건의 지평선: 빛과 빛의 복사를 포함한 그 어떤 것도 빠져나올 수 없는 블랙홀 주변의 경계. (56쪽)

사고 실험: 사물의 실체나 개념을 이해하기 위해 상상으로 수행하는 가상 실험. (5쪽)

세계선: 시공간의 경로에 움직임에 따라 남기는 궤적. (33쪽)

속도: 특정 방향으로 물체가 움직이는 속력. (6, 13, 15쪽)

시간 팽창: 아인슈타인의 일반 상대성 이론의 결과물 중 하나로, 움직이는 물체에서의 시간이 정지한 다른 물체에서보다 더 느리게 흐르는 현상. (26~27쪽)

시공간: 4차원 우주 내에서 공간과 시간이 결합된 것. (33쪽)

쌍성 펄서: 펄서가 근처의 동반 천체(주로 별)와 서로 가까이 공전하는 것. (59쪽)

아원자: 원자보다 작거나 원자 내부에 존재하는 입자. (52, 61쪽)

양성자: 양전하를 띤 기본 입자로, 중성자와 함께 원자핵을 이룬다. (35, 61쪽)

양자 역학: 원자 및 원자보다 작은 물질과 에너지를 다루는 물리학의 한 분야. (61쪽)

액체: 흐르고 부을 수 있는 물질의 상태. (19쪽)

에테르: 우주의 모든 빈 공간을 채우고 있다고 여겨지는 보이지 않는 물질. (22쪽)

우주: 모든 형태의 물질과 에너지를 포함한 모든 공간과 시간, 그리고 그 속에 존재하는 것.

유도 방출: 원자에서 광자에 의해 다른 에너지 준위로 변하면서 또 다른 빛이 발생하는 현상. (54쪽)

원자: 우주의 모든 물질을 구성하고 있는 기본 단위가 되는 작은 입자. (19쪽)

원자시계: 원자의 진동수로 조절되는 매우 정밀한 시계. (27쪽)

위성: 지구를 공전하는 모든 물체를 의미하며, 통신이나 관측 등을 목적으로 우주에 쏘아 올린 인공위성도 위성에 포함된다. (53쪽)

위성 항법 시스템: 위성에서 보내는 신호를 이용해 물체의 위치를 알아내는 시스템. (27쪽)

이론: 어떤 것을 설명하기 위해 명확하게 정의된 하나 또는 여러 개의 개념, 또는 명제.

입자: 물리적, 화학적 성질을 가진 매우 작은 물질의 조각. (12쪽)

입자 충돌기: 서로 반대 방향에서 입자를 가속시켜 입자 충돌 실험을 진행하는 입자 가속기. (61쪽)

자기장: 자성을 띤 물체 주위에 생기는 인력이나 척력이 작용하는 범위. (13, 60쪽)

자외선: 가시광선에서 보라색 영역의 바깥쪽에 존재하며, 사람의 눈에 보이지 않는 10~400나노미터 영역의 짧은 파장의 빛. (55쪽)

적도: 북극과 남극의 중간인 지구 중심을 가로지르는 가상의 선. (13쪽)

전기: 움직이는 전자에 의해 발생하는 에너지. (13쪽)

전기 역학: 전류와 자기장의 상호 작용으로 인한 전기적 운동. (21쪽)

전기장: 전하를 띤 입자 주위에 다른 전하를 띤 입자가 힘을 받는 영역. (37, 60쪽)

전류: 전선이나 회로를 통과하는 전하의 흐름 속도. (16쪽)

전자: 원자 내의 아원자 입자로, 음전하를 띠는 입자. (55쪽)

전자기: 전류에 의해 발생하는 자기. (37쪽)

전자기력: 전기장과 자기장이 결합된 상태에서 전하를 띤 입자들의 상호 작용. (60쪽)

전자기파: 전기장과 자기장 사이의 주기적 진동에 의해 만들어지는 파동. (13쪽)

전하: 물체 내 전자와 양성자의 균형과 관련된 물질의 양(+)이나 음(-)의 성질. (37쪽)

점성: 끈적거림 또는 서로 붙어 있는 부분이 떨어지지 않으려는 성질. (19쪽)

좌표: 물체의 위치를 나타내는 데 사용하는 숫자들. (10, 33, 42쪽)

줄(J): 에너지의 단위. (34쪽)

중력: 질량을 가진 모든 물체가 서로 끌어당기는 힘. (6쪽)

중력 복사: 중력파에 의해 전달되는 에너지. (59쪽)

중력자: 중력을 전달하는 입자. (61쪽)

중력장: 질량을 가진 물체 주위. 모든 방향으로 힘이 작용하는 영역. (37쪽)

중력 특이점: 중력이 무한대가 되는 블랙홀의 가상의 중심부. (58, 61쪽)

중력파: 가속 운동하는 물체에 의해 시공간 중력장에 발생하는 요동이 광속으로 진행하는 파동. (59쪽)

중성자: 원자핵을 구성하는 전하를 띠지 않은 아원자 입자. (52쪽)

지름: 원이나 구의 중심을 통과하는 한쪽 면에서 다른 쪽 면으로 그은 직선. (38쪽)

진동수: 1초(혹은 다른 시간 단위)에 한 지점을 지나가는 파동의 수. (13쪽)

증기: 물질이 액체에서 증발하거나 고체에서 승화하여 기체가 된 상태를 말한다. 일반적으로 수증기의 줄임말로 많이 사용된다. (52쪽)

질량: 물체에 포함된 총 물질의 양. (6쪽)

쿼크: 양성자와 중성자를 구성하는 물질을 이루는 가장 근본적인 입자. (60쪽)

태양: 우리 태양계의 중심에 존재하고 있는 항성.

특허: 어떤 것을 만들거나 팔 수 있는 권리를 독점하는 공식적인 권리. (16쪽)

파이: 원의 둘레와 지름의 비율을 나타낸 것으로, 무한대의 값을 가지며 그리스 문자 파이(π)로 표기한다. 대략 3.14의 값을 가진다. (38쪽)

펄서: 전파를 규칙적인 주기로 방출하는, 빠르게 회전하는 중성자별. (59쪽)

표준시: 일반적으로 경도를 기준으로 하는 한 지역이 사용하는 통일된 시간. (9쪽)

프리즘: 빛을 분산시키는 데 사용되는 평행한 면을 가진 광학 도구로, 주로 유리와 같은 투명한 재질로 이루어져 있다. (12쪽)

핵: 원자의 중심부. (35쪽)

핵반응: 원자핵의 구조와 에너지 함량이 다른 핵과의 상호 작용으로 인해 원래의 핵이 변하는 과정. (35쪽)

핵분열: 무거운 원자핵이 쪼개지면서 막대한 에너지가 방출되는 과정. (35쪽)

힘: 물체에 작용하는 밀거나 당기는 작용.

$E=MC^2$: 에너지는 질량에 빛의 속도의 제곱을 곱한 값과 같다. (34쪽)

Km(킬로미터): 거리나 길이를 나타내는 미터법의 단위. 1,000m를 나타낸다.

글쓴이 칼 윌킨슨
영국 작가이자 저널리스트이다. 〈파인낸셜타임스〉, 〈텔레그래프〉, 〈타임스〉 등에 글을 기고하며,
어린이를 위한 여러 과학 서적을 출간했다.

그린이 제임스 W. 루이스
색상, 재료 및 기술을 혼합하는 것을 좋아하는 일러스트레이터이다.
《투탕카멘의 전설》에 그림을 그렸고, 〈선데이 타임스〉에 정기적으로 일러스트를 그린다.

옮긴이 강성주
과학을 주제로 한 이야기, 특히 우주와 관련된 이야기를 들려주기 좋아하는 과학커뮤니케이터이자 천체물리학 박사이다.
미국 텍사스 대학교 오스틴 캠퍼스의 물리학과 천문학을 전공했고, 아이오와 주립대학교에서 천체물리학 박사학위를 받았다.
현재 과학 전문 유튜브 채널 〈안될과학〉에서 과학커뮤니케이터이자 과학크리에이터로 활동하고 있다.
2023년 한국과학기자협회에서 선정한 과학커뮤니케이터 상을 수상했다.

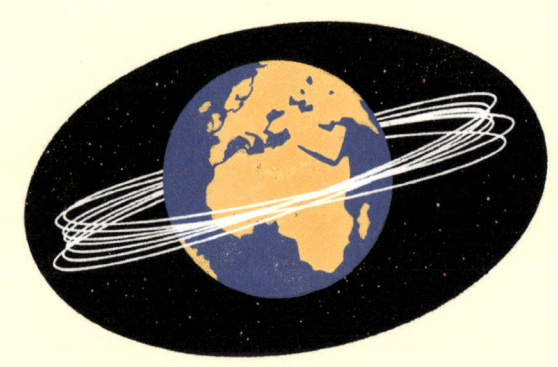

초판 1쇄 발행 2025년 9월 1일
글쓴이 칼 윌킨슨 | **그린이** 제임스 W. 루이스 | **옮긴이** 강성주
펴낸곳 Lunchbox | **출판등록** 제 2020-0090호
주소 서울특별시 은평구 통일로 660, 306-201
펴낸이 허선회 | **편집** 김재경 | **디자인** 우주상자
인스타그램 @seonaebooks | **전자우편** jackie0925@gmail.com
* 'Lunchbox'는 도서출판 서내의 논픽션 그림책 브랜드입니다.

제품명 한 권으로 이해하는 아인슈타인의 세계 | **제조자명** 도서출판 서내
제조국명 한국 | **인증유형** 공급자 적합성 확인 | **사용연령** 36개월 이상
주소 서울 은평구 통일로 660, 306-201 | **전화번호** 010-3648-9902
제조일 2025년 9월 1일

ISBN 979-11-94480-05-1(77420)

KC 마크는 이 제품이 공통안전기준에 적합하였음을 의미합니다.
주의. 모서리가 날카로우니 아이들이 책을 입에 대거나 손을 다치지 않도록 주의하세요.

Text and layout copyright ⓒ Ronshin Group 2020.
Illustrations copyright ⓒ James Weston Lewis 2020.
All rights reserved.
No part of this publication may be reproduced, stored, or transmitted in any form
or by any means without the prior permission in writing from the copyright holder.
KOREAN language edition ⓒ 2025 by Lunchbox an imprint of Seonae's Book
KOREAN translation rights arranged with Ronshin Group through Pop Agency,
Korea.

이 책의 한국어판 저작권은 팝에이전시(POP AGENCY)를 통한 저작권사와의 독점 계약
으로 도서출판 서내가 소유합니다.
신 저작권법에 의하여 한국 내에서 보호를 받는 저작물이므로 무단전재와 무단복제를 금
합니다.